dtv

D1870875

Liebe ist nicht automatisch mit positiven Gefühlen gleichzusetzen. Liebe bedeutet oft auch Verstrickung und tiefe Enttäuschung aufgrund unerfüllt bleibender Erwartungen. Die Liebesfalle schnappt immer dann zu, wenn der Partner dazu benutzt wird, erlittenes Leid abzureagieren, und die aktuelle Beziehung bereits vorhandene Störungen verstärkt. Hans-Joachim Maaz erklärt uns, wie wir der Liebesfalle entkommen können. Der Schlüssel dazu liegt in einer lebendigen Beziehungskultur, in der alte Muster keine Wirkung mehr haben. Elementar für eine solche Beziehungskultur ist es: Die eigene Befindlichkeit zu reflektieren; erst zu fühlen und dann zu handeln; sich unverstellt mitzuteilen; Mut zu klaren Ansagen und Aussagen zu haben; zuzuhören, ohne Druck auszuüben und stets verhandlungsbereit zu bleiben.

Ein Buch voller Zuversicht, das uns zeigt, wie wir unsere Beziehungen stabil gestalten können.

Hans-Joachim Maaz, Psychiater und Psychoanalytiker, war Chefarzt der Klinik für Psychotherapie und Psychosomatik des Diakoniekrankenhauses Halle; mittlerweile ist er im Ruhestand. Bei dtv ist von ihm erschienen ‹Der Lilith-Komplex. Die dunklen Seiten der Mütterlichkeit› (34201).

HANS-JOACHIM MAAZ

DIE LIEBESFALLE

SPIELREGELN FÜR EINE NEUE BEZIEHUNGSKULTUR

Deutscher Taschenbuch Verlag

Ausführliche Informationen über
unsere Autoren und Bücher
finden Sie auf unserer Website
www.dtv.de

MIX
Papier aus verantwortungsvollen Quellen
FSC® C019821
FSC www.fsc.org

Ungekürzte Ausgabe 2010
3. Auflage 2012
Deutscher Taschenbuch Verlag GmbH & Co. KG,
München
© 2007 Verlag C. H. Beck oHG, München
Umschlagkonzept: Balk & Brumshagen
Umschlagbild: gettyimages/Justine Beckett
Satz: Fotosatz Amann, Aichstetten
Druck und Bindung: Druckerei C. H. Beck, Nördlingen
Gedruckt auf säurefreiem, chlorfrei gebleichtem Papier
Printed in Germany · ISBN 978-3-423-34621-4

INHALT

VORWORT

Ohne Liebe kein Leben. Um der Liebe willen tun Menschen alles, häufig allerdings auch in der Absicht, ihr zu entgehen, sie zu bekämpfen oder sie zu töten. Dass man die Liebe flieht und sie verhindern will, obwohl man ihrer so bedürftig ist, diese Paradoxie bleibt vielen unverständlich.

Wer in seiner Kindheit keine Liebe erfahren hat, der wird sie im weiteren Leben fürchten wie die Pest. Jede liebevolle Zuwendung würde den Ungeliebten an seine tragische Geschichte von Bedrohung, Ablehnung, Verlassenheit und Unterdrückung erinnern, die er mühevoll verdrängen und verleugnen musste, um überhaupt zu überleben.

Wo es um Liebe geht, sitzen viele Menschen in einer Falle. Sie brauchen die Liebe, um zu wachsen, zu reifen, um den ganz individuellen Lebenssinn zu erfahren und sich zu verwirklichen. Aber der Liebesmangel (ver)führt sie auf falsche Wege. Sie verleugnen und verstellen sich, sie passen sich an und strengen sich an, um sich Liebe zu verdienen. Mit vielfältigen Leistungen erwerben sie sich vielleicht Ansehen; dessen Beständigkeit ist aber erfolgsabhängig. Liebe hingegen kann man sich weder erwerben noch kaufen. Unerfüllte Liebessehnsucht bleibt ein Leben lang angstvoll besetzt. Denn wer möchte schon an den schmerzvollen Mangel erinnert werden? So kann es dazu kommen, dass jede liebevolle Zuwendung als Fallstrick interpretiert wird. Das Liebesbedürfnis und die Liebesangst gehen dann oft pervertierte Wege: Der Kampf um Geld, das Ringen um Macht, die Eitelkeit des Erfolgs, kurz: die Anbetung von Götzen speisen sich energetisch aus der Frustration darüber, ohne Liebe zu sein. Geht dann aber auch noch der Liebesersatz verloren, so kann dies lebensbedrohliche Züge annehmen.

In die Liebesfalle gerät, wer glaubt, die verlorene Mutterliebe in einer Partnerschaft, in der Sexualität, durch Dienen und Leisten doch noch ausgleichen zu können. Je mehr die Liebe ersehnt und erfleht wird, desto weniger hat sie Chancen, überhaupt wahrgenommen zu werden; und je mehr man glaubt, selber zu lieben, desto weniger wird der nötigende und erpresserische Charakter des eigenen Begehrens erkannt.

In der Liebesfalle sitzt jeder, der sich bemüht zu lieben oder alles tut, um geliebt zu werden. Die Liebe entzieht sich dem menschlichen Willen. Wir können nur ihre Wirkungen wahrnehmen, annehmen, strömen lassen und weiterreichen. Auch die Eltern sind nicht die Quelle der Liebe, sie sind ihre Gärtner, sie können die Liebe in ihren Kindern erblühen oder verdorren lassen.

Das Liebesgeschenk bedarf der Hege und Pflege, und wenn die Eltern diesen Dienst versagen oder ihn schlecht versehen, gerät das Kind in eine tragische Situation, in der seine Liebesbedürftigkeit ausgebeutet und seine Liebesfähigkeit missbraucht werden.

Mit diesem Buch will ich aufzeigen, wie und warum die Liebesfalle funktioniert und wie man ihr entkommen kann.

Hans-Joachim Maaz

I. DIE LIEBESFALLE

Verliebtheit ...

Die Verwirrung über das Verständnis von Liebe ist umfassend. Im Namen der «Liebe» wird gequält, missbraucht, ausgebeutet und Leben zerstört. Das menschliche Liebesbedürfnis ist so fundamental, dass viele beim Gebrauch des Wortes «Liebe» allzu leicht auf Suggestionen, Verheißungen und Versprechungen hereinfallen. Illusionen und Verwechslungen beherrschen viele Handlungen, die im Namen der Liebe erfolgen.

Liebe ist ein Grundbedürfnis des Menschen mit zwei Seiten: dem Wunsch, geliebt zu werden, und dem Bedürfnis, lieben zu können. Beide Formen der Liebe sind an «Objekte» gebunden: an jemanden, der liebt, und an jemanden, der sich lieben lässt. Das Liebesbedürfnis bringt jeder Mensch mit auf die Welt, die Entwicklung der beiden Liebesfunktionen ist hingegen von den frühen Beziehungserfahrungen abhängig.

Liebe ist die Fähigkeit und Bereitschaft, dafür zu sorgen, dass es dem Geliebten gut geht. Der Maßstab dafür ist aber nicht das eigene liebende Tun, sondern das, was dem Geliebten wirklich nützt. Der Liebende steht damit vor einer schier unlösbaren Aufgabe, sich in den Geliebten einzufühlen und zu erspüren, was dieser wirklich braucht. Dazu sind ein hohes Maß an Empathie und Uneigennützigkeit vonnöten. Wie aber kann man sich befreien von eigenen Vorstellungen und Erwartungen – wie kann Liebe tatsächlich bedingungslos sein? Und wie kann man wissen, was dem anderen wirklich guttut? Eine Erwartung, ein Wunsch oder eine Bitte bieten noch keinerlei Gewähr dafür, dass es wirklich um Liebe geht und dass die Erfüllung tatsächlich liebevolle Zuwendung bedeutet. Der Ruf nach Liebe ist gar nicht so selten ein Erpressungsversuch. Im Glauben, das Beste für den anderen zu tun, ist schon reichlich Terror ausgeübt worden.

Ist es Liebe, dem Süchtigen im Entzug die Droge zu verschaffen? Ist es Liebe, dem Bettler ein Almosen zu geben und für karitative und humanitäre Zwecke zu spenden? Ist es Liebe, einem Kind gegen dessen Wunsch Grenzen zu setzen? Ist es Liebe, dem Partner bittere Wahrheiten zu sagen? Auf viele solche Fragen gibt es keine eindeutige Antwort, weil das Wissen über das eigene Motiv des Handelns und erst recht über die tatsächliche Situation des Empfängers nie umfassend und zweifelsfrei ist.

Das, was wir das Unbewusste, das Komplexe, das Systemische und Prospektive nennen, entzieht sich unseren Berechnungen und Überlegungen. Damit soll keiner fatalistischen Resignation das Wort geredet werden. Die genannten Schwierigkeiten und Unsicherheiten lassen sich natürlich verringern und das liebende Tun optimieren, nur letzte Sicherheit gibt es in dieser Hinsicht nicht.

Was wir als «Liebe» erleben oder aus «Liebe» vollbringen, gehört meist in den Zustand des Verliebtseins. Die Vorsilbe «ver» lässt sich schon als ein Hinweis darauf lesen, dass es sich um einen Irrtum handelt. Ist man verliebt, schwebt man förmlich in glückseligen Zuständen. Man ist erregt, hitzig, voller Tatendrang, begeistert sich für den anderen und überschüttet ihn mit überschwänglichen positiven Zuschreibungen. Verliebtheit ist ein Zustand veränderten Bewusstseins mit Verzerrung der Wahrnehmung und Einschränkung der kritischen Reflexion. Man sieht sich das «Liebesobjekt» schön! Es ist dann einmalig, großartig, phantastisch! Meist ist es eine unerfüllt gebliebene kindliche Liebessehnsucht, die heute den Blick verklärt und das Denken lähmt. So ist bei Verliebtheit gewöhnlich schon von Anfang an Eifersucht vorhanden, und die quälende Sorge um Erwiderung der galoppierenden Gefühle verrät die Bedürftigkeit des Verliebten, die mit wirklicher Liebe wenig zu tun hat. Mit ungeduldig-schmerzlichem Drang wird eine Erfüllung ersehnt, die prinzipiell nicht mehr möglich ist. Der erlebte Mangel ist längst Geschichte und durch nichts mehr wirklich aufzufüllen. So bleibt der Inhalt der Sehnsucht lange Zeit oder grundsätzlich unklar und unbestimmt. Man sucht etwas, das nicht mehr zu finden, das schon längst auf immer verloren ist.

Im Zustand des Verliebtseins wird das «Objekt» mit unbewussten Wünschen und Phantasien besetzt, deren Realisierung in Form von Gesten, Worten und Taten erhofft wird. Anfangs mag es ein Blick sein, ein freundliches Wort, ein Körperkontakt, dann wohltuende Gespräche, intime Geständnisse, schließlich Wunschvorstellungen von Partnerschaft, Familie und dauerhaftem Glück. Die Pläne und Phantasien sind abgehoben, irrational und künden vom tiefen Wunsch nach Verschmelzung, Bestätigung, Sicherheit und Gemeinschaft. Wir werden in den folgenden Kapiteln sehen, dass solche Sehnsucht aus der Frühbedürftigkeit des Menschen erwächst, insbesondere dort, wo sie mit Störungen und Defiziten an Mütterlichkeit und Väterlichkeit verbunden war. So ist Verliebtheit der drängende und aus der Kontrolle laufende Wunsch, endlich jemanden gefunden zu haben, der alles gut werden lässt und ausgleicht, was Vater und Mutter offengelassen oder gar verbrochen haben. Mit dieser frühen Last ist jede gegenwärtige Beziehung überfrachtet und letztlich zur Enttäuschung verdammt.

Die großen Lieben enden fast immer dramatisch. So findet denn auch die Verliebtheit bald ein bitteres Ende: Unvermeidliche Ernüchterung im Alltag sorgt für ihre Abkühlung, an der Realität erlahmen die Gefühle, und unerwartete Reaktionen führen zu Kränkungen. Auf das Erlebnis der Überforderung, die mit der Verliebtheit transportiert worden ist, reagieren nicht wenige mit Flucht aus der Beziehung. Abweisung kann im Extremfall zu Selbstmord, rasende Enttäuschungswut gar zu Mord führen.

Nach der Verklärung kommt der Absturz. Die Schönheit wird zur Fratze, Hass und Ekel vernichten alle Zuneigung. Auf die Irrationalität der Verliebtheit folgen die gleichermaßen verzerrten Zustände der Abwertung und Verachtung. Die eigene Fehleinschätzung und die Verkennung werden in der Regel jedoch nicht wahrgenommen. Fast immer finden sich Gründe und Eigenschaften, die einem das enttäuschende Objekt madig machen. Die bittere Erkenntnis, dass die Verliebtheit aus unerfüllten frühen Bedürfnissen und Sehnsüchten gespeist war, die sich prinzipiell nicht nachholen und durch nichts und niemanden später erfüllen lassen, muss unbedingt verhindert werden. Wesentlich einfacher und schützender ist es, den Adressaten der eigenen Verliebtheit zum Träger schlechter Eigenschaften und zum Schuldigen zu machen.

Die großen Hoffnungen, die man häufig erwartungsvoll auf einen Partner richtet, werden fast immer mit ebenso großer Enttäuschung bezahlt. Der Abwehrkampf gegen den frühen Ursprung der Liebesbedürftigkeit produziert neue Verletzungen und Kränkungen im Hier und Jetzt. Der im Stadium der Verliebtheit gerade noch idealisierte Partner wird zum Inbegriff des Bösen, ein lächerlicher Versager, ein Ekelpaket, gleich einem Verbrecher, der jetzt an allem Lebensunglück Schuld haben soll.

… und Partnerschaftshölle

Wir wundern uns immer wieder über Menschen, die permanent miteinander im Streit liegen, sich mit Vorwürfen belasten, sich immer wieder verletzen und kränken. Sie leben in einer quälenden Beziehung, klagen und jammern über ihre Situation. Meistens wird der Partner zum Inbegriff des Schlechten, Bösen, Falschen und Verlogenen stilisiert. Im Extremfall duldet ein Partner über Jahre hinweg sogar Gewalt, Vergewaltigung und Ausbeutung. Warum nur akzeptiert ein Erwachsener, so schlecht behandelt zu werden? Die häufigste Erklärung, es handle sich um einen Zustand der Angst und Einschüchterungen, verbunden mit seelischer Erpressung und ökonomischer Abhängigkeit, greift in der Regel zu kurz. Bei genauerem Hinsehen wird ein tiefenpsychologischer Zusammenhang erkennbar, der nahezu paradox anmutet: Das gegenwärtige Leid aus den realen Konflikten in der Partnerschaft ist das kleinere Übel! Das Opfer schlechter Behandlung hat ein tieferes, ihm selbst allerdings in aller Regel unbewusst bleibendes Interesse daran, im Hier und Jetzt unglücklich zu sein. Mit dem gegenwärtigen realen

Leid wird das schon längst erlittene frühe Leid überdeckt. Die gegenwärtige Gewalt soll von der Kindheitsnot ablenken und weist zugleich auf das verdrängte und tabuisierte frühe Schicksal hin.

Alles das, was man sich als Erwachsener bieten lässt, ließe sich auch in Maßen steuern, kontrollieren, erwidern oder sogar bestrafen, und man könnte sich ihm immer auch entziehen. Deshalb ist es das «kleinere Übel», ohne damit wirklich böses und kriminelles Verhalten bagatellisieren zu wollen. Das «größere Übel» hingegen sind die bedrohlichen und verletzenden Erfahrungen, die man in der Kindheit hat machen müssen. Als Kind bleibt man ausgeliefert, kann sich kaum entziehen und verfügt lediglich über geringfügige Gegenmittel. Seelische Verletzungen des Kindes, wie sie vor allem durch die Mütterlichkeits- und Väterlichkeitsstörungen verursacht werden, haben häufig für das Kind eine lebensbedrohliche Wirkung, die sein Selbstwertgefühl vernichten und seine Identität zerstören; überlebt werden sie nur durch seelische Notreaktionen. Die Seele des Kindes weigert sich, realitätsgerecht wahrzunehmen und die schlimmen Erlebnisse zu verarbeiten. Stattdessen wird ausgeblendet, nicht mehr wahrgenommen, das Gefühl ausgeschaltet, das Verstehen blockiert. So überlebt das Kind halbwegs, bleibt aber seelisch erheblich eingeengt, verbunden mit schwerwiegenden Funktionsstörungen der Realitätswahrnehmung, der Gefühlsverarbeitung, der Beziehungsfähigkeit und des Denkens.

Nur wer um die mörderische Aggression und den zerreißenden Schmerz weiß, die sich in einem Menschen aufgrund bedrohlicher und verletzender Kindheitserfahrungen aufstauen können, der versteht auch die erduldeten, mitunter auch mitprovozierten destruktiven Verhältnisse, in denen Betroffene später ausharren. Sie brauchen gewissermaßen den schlechten Partner, der durch sein kritikwürdiges Verhalten den aufgestauten Hass und den Schmerz in kleineren Portionen aufsaugen kann. So ist die schlechte Partnerschaft die Rettung des seelisch Verletzten, weil sie ihm ermöglicht, das unerträgliche und bedrohliche frühe Leid in einem halbwegs erträglichen – wenn auch noch so schlimmen – Rahmen abzureagieren. Der böse Partner wird sozusagen zum Sparringspartner des abgelenkten Kampfes gegen Mutter und Vater. Was damals nicht möglich war – sich gegen die Eltern aufzulehnen, sie wegen ihres Tuns oder Unterlassens anzuklagen und ein liebevolleres Verhalten einzufordern –, das wird nun in der Partnerschaft umso heftiger unternommen und ausgetragen.

Das ehemalige Verhalten der Eltern ist zur inneren Erfahrung geworden, die die Matrix für die Partnerschaftskämpfe liefert. Diese späte Verwechslung endlich zu erkennen ist ein wesentliches Ziel psychotherapeutischer Arbeit. Absurd wäre es allerdings, als Konsequenz daraus vom Partner abzulassen und hier und jetzt zur großen Abrechnung mit den Eltern zu schreiten. Es sind die inneren Elternbilder, die entmachtet werden müssen, und dies geht nur über Erinnerung und die emotionale Verarbeitung der erinnerten Wahrheit. Den Eltern heute Vorwürfe über die damalige Situation zu machen schafft meistens keine Klärung und Entlastung, sondern provoziert nur neue Konflikte. Hätten die Eltern etwas von ihrer Schuld verstanden, dann hätten sie schon von sich aus Bedauern gezeigt und ihre Kinder um Vergebung gebeten. Werden sie aber ohne diese Selbsteinsicht angeklagt, verstärkt das nur die schon längst vorhandene Distanz, provoziert Rechtfertigungen, schafft neue Missverständnisse und Enttäuschungen. Selbst bei Einsicht der Eltern entsteht höchstens ein Gefühl der Genugtuung, aber keine befreiende Entlastung, die sich nur durch eigene Gefühlsarbeit erreichen lässt.

II. «BEZIEHUNGEN» BESTIMMEN ÜBER GLÜCK ODER LEID DES LEBENS

Wir Menschen sind primär soziale Lebewesen. Allein könnten wir anfangs nicht leben und später nur mit Not überleben. Der Säugling ist ohne seine Mutter nicht denkbar. Mutter und Kind bilden zu Anfang eine dynamische Einheit, die erst allmählich – idealerweise mit Hilfe des Vaters – aufgelöst werden kann.

Die ersten Beziehungserfahrungen prägen nachhaltig das weitere Leben, auch und gerade unsere Liebesbeziehungen. Das gilt offensichtlich nicht nur für reale Erlebnisse. Auch unausgesprochene Einstellungen – Wünsche, Hoffnungen, Ängste, Bedenken und Ablehnungen seitens der Eltern – beeinflussen das Kind. Wie die Erkenntnisse der Säuglings- und Kleinkindforschung lehren, dürfen wir uns das Kind allerdings nicht länger als ein zu erziehendes «Objekt» vorstellen, dem sozusagen das rechte Leben erst beigebracht werden muss und dessen vermeintliche «Triebe» zu zügeln und zu kultivieren sind. Vielmehr betrachten wir das Kind von Anfang an als ein «Subjekt», das über vielfältige Möglichkeiten verfügt, seine Mutter zu beeinflussen. Dies bedeutet allerdings auch, dass bereits vor der Geburt ein schwerwiegender Konflikt zwischen Mutter und Kind beginnen kann: Hat die Mutter eine bestimmte Erwartung, wie ihr Kind sein soll, oder besitzt sie die Freiheit und Größe, neugierig, fasziniert und tolerant ihr Kind erfahren und entdecken zu wollen? Die Einstellung der Mutter zu ihrem Kind entscheidet über dessen wesentliche existenzielle Grunderfahrung: sich in seinem Einmalig- und Anderssein berechtigt zu fühlen oder dies nur geknüpft an bestimmte Bedingungen und Erwartungen zu dürfen. Dies ist der Grundkonflikt der individuellen Existenz: «Ich bin, und das ist gut so» – ohne Wenn und Aber – oder «Ich darf nur sein, wenn …»

Mutter und Kind stehen in einem dynamischen Austausch, der für das Kind durch drei wesentliche Erfahrungen geprägt wird:

- Bin ich berechtigt?
- Werde ich geliebt?
- Darf ich so sein und werden, wie es meinen Möglichkeiten und Begrenzungen entspricht?

Das Kind hingegen konfrontiert die Mutter mit folgenden Fragen: Bin ich eine gute Mutter? Kann ich mein Kind verstehen, in seinen Eigenarten gelten lassen und lieben? Wie kann ich Mutterschaft, Partnerschaft und berufliche Interessen gut zusammenbringen?

Für die Eltern ist es ganz wichtig, sich der Frage zu stellen: Wozu wollen wir eigentlich ein Kind?, und dabei auch mögliche unbewusste Motive mit zu bedenken, die sich nur allmählich – am besten mit Hilfe Dritter – erforschen lassen. Ebenso sollten die Veränderungen der partnerschaftlichen Zweierbeziehung zu einer Dreierbeziehung bedacht und die potenziellen Erwartungen an ein Kind reflektiert werden:

— Ein Kind spiegelt die eigene Vergänglichkeit,
— ein Kind ist immer auch eine Last,
— ein Kind verändert das partnerschaftliche Gefüge, und
— ein Kind ist immer anders als von den Eltern gedacht und gewollt.

Ein Kind kann vielfältige «Aufträge» der Eltern auferlegt bekommen:
— Sei unser Stolz!
— Sei mein Sonnenschein!
— Mach mich glücklich!
— Gib mir Bedeutung!
— Kitte unsere Beziehung!
— Dir soll es besser ergehen!
— Verleihe uns «Unsterblichkeit»!
— Wir brauchen einen Schuldigen!
— Du bist unser Prügelknabe!
— Du behinderst mein Leben!
— Deinetwegen habe ich auf das Studium verzichtet!
— Deinetwegen wäre ich fast gestorben!
— Wir erwarten Dankbarkeit und brauchen deine Hilfe!
— Du darfst mich nie verlassen!

Das dynamische Wechselspiel zwischen Mutter–Vater–Kind prägt die kindlichen Beziehungserfahrungen. Sie bilden die Grundlage für Lebensberechtigung *und* Lebensbedrohung, für Bedürftigkeit *und* Befriedigung, für Sehnsucht *und* Erfüllung, für Identität *und* Verwirrung, für Abhängigkeit *und* Autonomie.

Ich habe bei dieser Aufzählung das «und» statt des «oder» gewählt, weil jeweils beide Pole das Leben in seiner Gesamtheit ausmachen. Beziehungsstörungen und Krankheiten entstehen bei einseitiger Gewichtung und Fixierung auf einen Pol und den dadurch bedingten Verlust der dynamischen Regulierung im Spannungsfeld der Gegensätze. Um dies verständlich zu machen, benenne ich stichpunktartig die Folgen einseitiger Fixierung:

Betonte und fixierte …

… Lebensberechtigung führt zu expansivem bis manischem Lebensstil.

… Lebensbedrohung bedeutet aufgestauter Hass mit Tendenz zu Gewalt, Streit, Kampf und Krieg.

… Befriedigung führt zu Erlahmung, Überdruss und Langeweile.

… Bedürftigkeit führt zur Ausbildung von Suchtverhalten.

… Sehnsucht provoziert Verschmelzungswünsche und umklammerndes Verhalten.

… Erfüllung macht egoistisch und führt zur sozialen Abgrenzung und Isolierung.

… Identität verursacht arrogante Überheblichkeit.

… Verwirrung führt zu einem chaotischen Lebensstil, macht orientierungslos, haltlos und endet mitunter in der Psychose.

… Abhängigkeit produziert Mitläufer, Mittäter, Konsumenten, Soldaten.

… Autonomie macht «Machos» und «Emanzen» aus den Menschen.

Gesundheit liegt also in der Dynamik zwischen den Polen, in der Regulierungsfähigkeit, im Zulassen und

Begrenzen der gegensätzlichen Eigenschaften je nach Lebenslage. Der Erwerb dieser Fähigkeiten setzt voraus, sowohl einander widersprechende Erfahrungen zu machen als auch Empathie und Toleranz gegenüber den eigenen Möglichkeiten und Begrenzungen zu entwickeln.

III. «MÜTTERLICHKEIT» UND «VÄTERLICHKEIT» ALS PRÄGENDE BEZIEHUNGSERFAHRUNGEN

Unter den Begriffen «Mütterlichkeit» und «Väterlichkeit» fasse ich zentrale Eigenschaften und Fähigkeiten für die beziehungsdynamische Begleitung von Kindern zusammen, die darüber hinaus auch in allen anderen sozialen Bezügen wirken. «Mütterlichkeit» ist die Fähigkeit und Bereitschaft, zuzuhören, sich in die Befindlichkeit und Gedanken des Gegenübers einzufühlen, andere Empfindungen und Meinungen gelten zu lassen und zu verstehen, den Gefühlen Raum zu geben.

Damit ist «Mütterlichkeit» gewissermaßen eine Voraussetzung, um den Artikel 1 des Grundgesetzes: «Die Würde des Menschen ist unantastbar» überhaupt erfüllen zu können. Auf der Grundlage der mütterlichen Basisfunktion können sich dann auch mütterliche Aufgaben wie Nähren, Versorgen, Hegen, Pflegen oder Beschützen entfalten. Nur wer sich einfühlen und individuelles Anderssein respektieren kann, wird auch die angemessene Form und Dosis notwendiger und sinnvoller Betreuung finden. Gute Mütterlichkeit wird durch Mangel an Präsenz, Empathie, Hingabe, Toleranz und Freiheit eingeschränkt. Dabei hat falsche Liebe häufig verhängnisvollere Auswirkungen als deutlich erkennbare mütterliche Schwächen. «Falsch» ist alles, was nicht die wirkliche innere Situation des Kindes hilfreich berührt. Äußerlich kann ein Kind bestens versorgt sein und bleibt innerlich doch unerfüllt, weil nicht die wirklichen Bedürfnisse des Kindes, sondern die Vorstellungen und Erwartungen der Mutter der Maßstab der mütterlichen Zuwendung sind. Die erkennbaren und später meist gut erinnerbaren Versorgungsbemühungen der Mutter machen es oft unmöglich, die tatsächlichen Liebesdefizite überhaupt wahrzunehmen.

«Väterlichkeit» steht für den anderen Pol elterlicher Funktionen. Väterliche Aufgaben sind Zeugen, Führen, Fördern und Fordern, Begleiten, Entdecken, Ermutigen, Bestärken. Mit diesen Fähigkeiten hilft der Vater dem Kind, die Mutter allmählich verlassen zu können. Der Vater öffnet die dyadische Beziehung und weist den Weg aus der Zweisamkeit über die «Dreisamkeit» in die Autonomie. Von der Mutter zum Vater zum Ich in der Welt – so ließe sich der Entwicklungsweg des Menschen umschreiben.

Die Mutter vermittelt Berechtigung, Vertrauen, Gewissheit und Sicherheit, der Vater ermöglicht vielseitige Erfahrung, gibt Orientierung, befördert Mut und Kraft und verhilft zu eigenständigem Leben. Vater und Mutter sind wie Schiff und Hafen, die nur miteinander eine gute Seefahrt ermöglichen. Sie stehen für Eigenständigkeit in Bezogenheit. Erst die Dynamik der polaren Fähigkeiten und Bedürfnisse ermöglicht im Zusammenleben der Menschen auch ein Gemeinwesen, in dem individuelle Bedürfnisse und soziale Verantwortung zusammenfinden.

Mütterlichkeit und Väterlichkeit sind nicht an das Geschlecht und an die Person von Mutter oder Vater gebunden. Im Grunde genommen braucht jeder Mensch beide

Fähigkeiten und sollte je nach Bedarf die angemessene Funktion ausüben können. Natürlich kann auch die Mutter väterlich und der Vater mütterlich sein. Unter Eltern muss die Verteilung väterlicher und mütterlicher Eigenschaften gut ausgehandelt und in Entsprechung zu den verschiedenen Lebenssituationen immer wieder neu abgesprochen werden. Die Eltern können sich helfen, unterstützen, auch teilweise ersetzen und in der Funktion wechseln, aber die grundsätzlichen Unterschiede von Mütterlichkeit und Väterlichkeit lassen sich nicht auflösen oder reduzieren. Für das Kind ist es natürlich am besten, wenn am Anfang die Mutter auch mütterlich ist, wenn also Person und primäre Versorgungsfunktion übereinstimmen. Mit der Entwicklung des Kindes können sich die Funktionen dann immer stärker von den Personen ablösen.

Auch innerhalb von Kindergarten, Schule, Krankenhaus, selbst in Behörden, Organisationen und Betrieben sind mütterliche und väterliche Funktionen gefragt. Wie anders würde unsere Gesellschaft aussehen, wenn ein mütterlich-einfühlsames Verständnis für die Andersartigkeit eines jeden Menschen und für seine spezifischen Schwierigkeiten die Grundlage aller väterlichen Entscheidungen und Maßnahmen bildete, wenn liebevolle Bestätigung entsprechenden Entfaltungsraum fände und wenn Einsicht in die Begrenzung und soziale Forderungen zusammenpassen würden.

Ein Schüler braucht nicht nur Herausforderungen seiner Leistungsbereitschaft, sondern auch ein tiefes Verständnis für seine Fähigkeiten und Begrenzungen. Zensuren werden dieser wichtigen Aufgabe nicht gerecht. Ein Patient braucht nicht nur die diagnostisch-technische

Hochleistung und das richtige Medikament, sondern Zeit und Raum für ein ganzheitliches Verstehen seines Krankseins und möglichen Gesundwerdens. Ein Arbeitsloser braucht keine demütigende Kontrolle und höchstens ein Minimum an sinnvoller Verwaltung, er braucht – wenn schon keine Erwerbsarbeit mehr zur Verfügung steht – vor allem eine Sozialpolitik, die ihm eine würdige Tätigkeit verschafft, und ein gesellschaftliches Verständnis, das ihm ein Gefühl für seine Nützlichkeit zurückgibt. Um produktiv sein zu können und gesund zu bleiben, braucht ein Arbeitnehmer anderes als ständigen Leistungsstress und Konkurrenzdruck. Seine individuellen Fähigkeiten müssen gefördert und seine besonderen Schwächen und Behinderungen berücksichtigt werden. Die Bedrohung des Arbeitsplatzes macht krank, egoistisch und militant, nur sinnvolle Beteiligung und Mitsprache erhalten die Aktivität und Kreativität.

Die Mütterlichkeit innerhalb der Gesellschaft bestimmt über die Verteilungsgerechtigkeit und sichert damit sozialen Frieden. Die Väterlichkeit innerhalb der Gesellschaft hingegen reguliert die Leistungsbereitschaft, vermittelt Orientierung und organisiert die erforderlichen Pflichten.

1. Diskriminierung der Mütterlichkeit

Die notwendige Emanzipationsbewegung der Frauen hat einen verhängnisvollen Schwachpunkt: Sie hat die «Mütterlichkeit» diskriminiert und Frauen bestenfalls zu mehr «Väterlichkeit» geführt. Die große soziale Frage, wie Mutterschaft, Partnerschaft, Berufstätigkeit und ganz normale egoistische Interessen gut integriert werden können, ist weniger denn je gelöst. Die sogenannten emanzipierten Frauen befinden sich nicht nur in einem «Gebärstreik», sondern die vermeintliche Befreiung hin zu einem sinnerfüllten Berufsleben mit hohem sozialen Ansehen hat das ganzheitliche, biopsychosozial verwurzelte Bedürfnis, Kinder zu kriegen und Mutter zu sein, sträflich vernachlässigt. So fehlt uns mittlerweile nicht nur der Nachwuchs, sondern aus unerfülltem und verleugnetem Kinderwunsch erwachsen darüber hinaus zahlreiche individuelle Krisen. Auf Kinder zu verzichten – aus welchem Grund auch immer – bleibt stets ein zu bewältigender Konfliktstoff.

Nach allem, was wir heute entwicklungspsychologisch wissen, bleibt die reale Mutter mit ihren Mütterlichkeitsqualitäten in den ersten drei Lebensjahren des Kindes die wichtigste Bezugsperson. Zwar lassen sich Mütterlichkeitsdefizite bereits von Anfang an durch andere Personen ausgleichen, aber ein Ersatz der Mutter bedeutet in dieser frühen Zeit immer eine belastende Erfahrung für das Kind.

So kann der Vater die Mutter natürlich von Anfang an bei der Kinderbetreuung unterstützen, er kann helfen, die Familie sozial abzusichern, und ein guter – eventuell sogar mütterlicher – Partner für seine Frau sein, für ihre neue Mehrfachfunktion Verständnis aufbringen, angemessene Hilfestellung leisten oder organisatorische Aufgaben übernehmen. Er kann die Not des Säuglings aber nicht wirklich lindern, wenn die Mutter sich entfernt, er kann nur den Schmerz des Kindes akzeptieren und den Gefühlsausdruck entsprechend unterstützen und halten und damit dem Kind wenigstens Entlastung verschaffen.

Die primären mütterlichen Aufgaben hingegen – Schwangerschaft, Geburt und Stillzeit – lassen sich nicht delegieren. Die Mütterlichkeit entscheidet über Lebensberechtigung, den Selbstwert, die Bindungsfähigkeit und die Identitätssicherheit des Kindes, die Qualität der Väterlichkeit beeinflusst die Fähigkeit zur Autonomie, die Einstellung zu Leistung und Pflicht sowie zur Verantwortung.

Besonders alleinerziehende Mütter oder Väter befinden sich häufig in einem fast unlösbaren Konflikt, Mütterliches und Väterliches gleichermaßen ausfüllen zu müssen. In dem Maße, wie die mütterlichen Funktionen mit dem Heranwachsen des Kindes unwichtiger werden, nehmen die väterlichen Aufgaben zu. Erst auf dem Arm des Vaters macht das Kind die Erfahrung, dass seine Mutter eine von ihm getrennte, eigenständige Person ist. An der Hand des Vaters ist es leichter, von der Mutter loszukommen und schließlich mit Vaters Segen in die eigenständige Welterkundung und Lebensgestaltung entlassen zu werden.

2. *Störungen der Mütterlichkeit*

Das Kind überfordert seine Mutter zwangsläufig mit seinem umfassenden Befriedigungswunsch. Es will die Mutter praktisch jederzeit, sofort, umfassend und angemessen zur Verfügung haben. Dies kann keine Mutter leisten. Mütterlichkeit bleibt begrenzt. Für die Entwicklung des Kindes ist es aber entscheidend, wie ihm diese natürliche Begrenzung vermittelt wird. Wird das Kind in seiner Bedürftigkeit akzeptiert und respektiert, obwohl die Mütterlichkeit der Eltern eingeschränkt ist und die sozialen Verhältnisse mitunter bittere Grenzen setzen, dann kann das Kind den unvermeidlichen Mangel schmerzlich annehmen lernen, ohne sich für seine Ansprüche und Bedürfnisse schuldig fühlen zu müssen. Die begrenzte Mütterlichkeit lässt sich etwa so vermitteln: «Du bist in Ordnung mit deinen Wünschen, ich verstehe dich. Es tut mir leid, dass ich jetzt keine Zeit für dich habe, dass ich mit meiner Geduld, mit meiner Zuwendung, letztlich mit meiner Liebe an meiner Grenze bin und erst einmal für mich selbst sorgen muss.» So bleibt die Verantwortung für die Begrenzung bei den Eltern, und dem Kind wird Raum gegeben für Empörung, Trauer oder Schmerz. Und die Realität wird dem Kind auf eine Weise vermittelt, dass es die unvermeidliche Begrenzung als ein wesentliches Grundprinzip des Lebens verarbeiten und schließlich annehmen kann.

Mütterlichkeit erfährt durch individuelle und soziale Bedingungen vielfältige Einschränkungen. Selbst die beste Mutter ist und bleibt ein egoistischer Mensch wie jeder andere, ist weiterhin sexuelle Partnerin und Frau. Selbstverständlich ist sie an der Erfüllung von Bedürfnissen außerhalb ihrer Mutterschaft, etwa an beruflicher Entwicklung und sozialen Kontakten, interessiert. Dies alles ist völlig normal und kann dem Kind auch angemessen verständlich gemacht werden. Zu Störungen der Mutter-Kind-Beziehung mit entwicklungspsychologischen Folgen für das Kind kommt es erst durch ein Übermaß mütterlichen Mangels, durch mütterliche Gewalt, durch verlogene mütterliche Bemühungen und durch Verschiebung des Begrenzungsproblems zu Lasten des Kindes. Das allein gelassene, unverstandene, gedemütigte und gekränkte Kind bleibt in seiner Entwicklung behindert, verunsichert und gehemmt. Wenn eine Mutter ihrem Kind die Einschränkungen, die sie selbst erfährt, zum Vorwurf macht – «Du bist zu anstrengend! Du willst zu viel! Du bist undankbar! Du nimmst keine Rücksicht!» –, dann wird sich das Kind als falsch und schlecht erleben und sich selbst die Schuld an den Sorgen und Nöten der Mutter geben. So werden die Schwächen und Fehler der Eltern an die Kinder weitergegeben, die mit dieser Bürde kein gutes eigenständiges Leben führen können.

Vor dem Hintergrund umfassender psychotherapeutischer Erfahrungen unterscheide ich drei zentrale Formen von Mütterlichkeitsstörungen:

Mutterbedrohung

Ist ein Kind nicht wirklich gewollt, so ist seine Existenzberechtigung von Anfang an grundsätzlich in Frage gestellt. Die unbewusste (und manchmal durchbrechende) Einstellung der Mutter zu ihrem Kind lautet: «Sei nicht! Lebe besser nicht! Ich will dich nicht!» Dieser frühe Fluch begleitet das ganze Leben dieser ungewollten Menschen in Form von Angst, Panik, Depressivität, Selbstmordneigung, Destruktivität oder Gewalt. Die frühe Ablehnung macht das Leben eines solchen Menschen grundsätzlich unsicher, gefährdet und bedroht. Die nichtgewollten Kinder finden keine eigene Identität, sie bleiben orientierungslos, ohne wirkliche Sinnerfahrung, sie brauchen ein Leben lang Halt, Führung, Unterstützung und Antworten.

Wir finden die nichtgewollten Kinder später unter den

sogenannten Aussteigern, den Obdachlosen, den Süchtigen, den Selbstmördern und Selbstverletzern, den Gewalttätern, Amokläufern und Kriminellen, den Fundamentalisten, Radikalen und Terroristen – aber auch, wenn sie ihre tiefe Not sozial ausagieren können, unter den sogenannten Superstars im Showbusiness oder, wenn sie ihre Existenzangst politisch umsetzen können, unter den Revolutionären, Diktatoren und Kriegstreibern.

In der psychotherapeutischen Praxis wird die Ablehnung und Bedrohung des Kindes seitens der Mutter später als «Borderline-Persönlichkeitsstörung» diagnostiziert. Aufgrund ihrer Haltlosigkeit, Bindungsschwäche und der Unfähigkeit, Konflikte auszuhalten und auszutragen, durch ihre verzerrte Wahrnehmung, ihr Misstrauen und ihre mit schlimmsten Projektionen verbundene Spaltung der Welt in Gut und Böse sind solche Menschen sich selbst und ihren Partnern eine große Last. Eine früh erlittene Existenzbedrohung überlebt das Kind meist nur dann, wenn es die tiefe Selbstwertstörung und die in Frage gestellte Daseinsberechtigung durch besondere soziale «Aufblähungen» kompensieren lernt. So kann es dazu kommen, dass seelische Ohnmacht und Existenzangst in politische Macht und Militanz verwandelt, erlittene schwere Kränkung und Infragestellung durch Ruhm und Erfolg ausgeglichen oder durch destruktives Verhalten abreagiert werden. Die Tragik liegt darin, dass dann selbst großartige soziale Leistungen eine Fassade bleiben und keine wirkliche innerseelische Entspannung und Stabilisierung schaffen können. Die Gefahr ist, dass die frühe Bedrohung durch die Mutter später immer wieder äußere Feinde suchen lässt, die dann bekämpft werden können, ohne dass dadurch je innerer

Frieden möglich wird. Dies ist die psychologische Wurzel jedes Kriegs.

Nimmt die Zahl der von Mutterbedrohung betroffenen Menschen in einer Gesellschaft zu, wächst auch die Gefahr von Feindbilddenken, der Verfolgung von Andersdenkenden, von Fremdenhass, Rassenwahn, Kriegslust und Völkermord. Der deutsche Nationalsozialismus war davon getragen.

Muttermangel

Muttermangel entsteht, wenn die Mutter zu wenig für ihr Kind da ist, entweder ganz real zu wenig präsent ist oder auch dem Kind nicht in ausreichendem Maße liebevoll zugetan ist. Die unbewusste Botschaft der Mutter an das Kind lautet etwa: «Du darfst sein, ich will auch ein Kind, aber belaste mich bitte nicht, verlange nicht zu viel von mir. Ich habe nicht genug Liebe für dich, ich habe keine Zeit für dich. Ich bin selber bedürftig und muss meinen Bedürfnissen und Interessen nachgehen. Beruf und Karriere sind mir wichtiger. Lerne schnell, dich um dich selbst zu kümmern.»

Das Kind fürchtet dann in der Regel, dass es selbst daran schuld sei, nicht genug geliebt zu werden, dass es wegen irgendwelcher Eigenschaften, Fehler oder Schwächen nicht liebenswert sei. Das Kind kann noch nicht fassen oder verstehen, dass die Mutter nicht genügend liebesfähig ist. Die Mutter bleibt zwangsläufig idealisiert: Um überleben zu können, mildert das Kind den empfundenen Schmerz des Liebesmangels durch Illusionen und Selbstabwertung. Durch Anstrengungen, Leistungen und Gehorsam glaubt es, sich «Liebe» verdienen zu können.

Auf diese Weise wird frühe mütterliche Lieblosigkeit zu einem großen Antreiber für enorme Leistungen. Viele Leistungsträger der Gesellschaft – Weltmeister, Olympiasieger, Arbeitssüchtige und Erfolgsmenschen – gewinnen aus dieser Quelle die Energie für ihre besondere Anstrengungsbereitschaft.

Die durch «Muttermangel» verursachten Minderwertigkeitsgefühle, Selbstwertzweifel und Selbstunsicherheiten werden gern und häufig sozial ausgebeutet: «Streng dich an! Tu was! Lass dir was einfallen!» So kann es nach langer Anstrengungs- und kurzer Erfolgszeit zu schweren seelischen Einbrüchen kommen, wenn schließlich die Scheinwerfer erloschen sind und der kurze Beifall verklungen ist oder die Kräfte erlahmen.

In der psychotherapeutischen Praxis finden wir die späten Folgen des «Muttermangels» vor allem bei den «narzisstischen Persönlichkeitsstörungen». Angesichts ihres «Größenselbst» verlieren solche Menschen oft den Kontakt zur Realität, und aufgrund ihrer leichten Kränkbarkeit erschweren sie sich und anderen gute seelische Beziehungen. Sie sind auf Bewunderung angewiesen, da sie nie genügend Liebe erfahren haben.

Im gesellschaftlichen Kontext lässt sich «Muttermangel» im Umgang mit den Problem- und Randgruppen der Gesellschaft erkennen. Die soziale Benachteiligung von Kindern, Jugendlichen, Alten, Kranken, Behinderten, Armen, Arbeitslosen, Sozialhilfeempfängern, Andersartigen und Andersdenkenden lässt sich als ein Maß des Muttermangels innerhalb der Gesellschaft werten. Im Gegenzug dazu zeigt die Integration von Minderheiten und Bedürftigen – die Art und Weise, wie sie geschützt, unterstützt, gefördert und sozial abgesichert werden – das Maß der Mütterlichkeit einer Gesellschaft an.

Muttervergiftung

Wenn das Kind die Erfahrung machen muss, dass mütterliche Bestätigung und Zuwendung daran geknüpft sind, dass es sich wie erlaubt und erwünscht verhält, resultiert daraus eine schwere Entfremdung. Das Kind wird nicht in seiner Individualität gefördert, sondern muss sich den mütterlichen Erwartungen und Vorstellungen anpassen.

Die unbewusste Botschaft der Mutter an ihr Kind lautet: «Du darfst sein, ich will dich auch, aber nur solange du mir dienst, mir guttust und erfüllst, was ich von dir erwarte.»

So mag es den Anschein erwecken, dass das Kind gemocht und gut versorgt wird, aber die daran geknüpften (auch unbewussten) Bedingungen bleiben verborgen. Später glauben diese Menschen fast immer, sie hätten eine gute Kindheit und eine sehr fürsorgliche, sich aufopfernde Mutter gehabt; sie wissen nichts von ihrer schwerwiegenden Entfremdung und Fehlentwicklung. Allmählich wurde die Anpassung an die mütterlichen Wünsche und Erwartungen so selbstverständlich, dass eine eigene, davon abweichende Innenwelt gar nicht mehr wahrgenommen wurde. Erst viel später, wenn es darauf ankommt, für sich selbst zu sorgen, eigene Entscheidungen zu treffen, in einer von der Mutter entfernten Welt zurechtzukommen, wird die stattgefundene Verbiegung angesichts der Rat- und Hilflosigkeit gegenüber den neuen oder andersartigen Anforderungen deutlich. Dann fehlen plötzlich die Antworten auf die Fragen:

«Was soll ich tun? Was ist für mich richtig? Was will ich wirklich?» Bisher hatte man sich an dem orientiert, was die Mutter wollte oder was man ihr abspüren konnte. Statt sich selbst wahrnehmen und verstehen zu lernen, wurden die Kinder zur Erfüllung der mütterlichen Bedürfnisse «abgerichtet», also von einer sinnvollen Selbstwahrnehmung und Innenorientierung auf eine abhängige Fremdwahrnehmung und Außenorientierung umgelenkt.

Die «Vergiftung» geschieht dabei, ohne dass der Betroffene sie bemerkt. Ihm wird vermittelt: «Du bist toll! Das ist aber lieb von dir! Ich liebe dich! Ich tu alles für dich!» Die damit verbundene Dressur nach dem Bild der Mutter und ihr zu Diensten bleibt jedoch unerkannt. In der psychotherapeutischen Praxis erscheint die «Muttervergiftung» in den neurotischen Strukturstörungen. Durch abhängige, depressive, zwanghafte und hysterische Verhaltensweisen wird aufkeimender Zorn gegen den mütterlichen Missbrauch abgewehrt; die Angst davor, sich zu befreien und eigenständige Wege zu beschreiten, wird durch charakterliche Hemmungen gebunden.

Eine durch Marktwirtschaft dominierte Gesellschaft lebt im großen Stil von «Muttervergiftung». Durch Fülle und Vielfalt, durch Reklame und Werbung wird die Außenorientierung weiter konditioniert. Die Suggestionen des Konsums transportieren das süße «Gift»; solange man zahlungskräftig die Kauferwartungen erfüllt, wird man als Kunde und Klient «liebevoll» umworben und geschätzt. Nur ein guter Kunde ist wie das brave, angepasste und gehorsame Kind ein geschätzter Mensch.

Die in der Kindheit erfahrene Mütterlichkeit ist verantwortlich für das Selbstwertgefühl, die Zufriedenheit und die Identität der Menschen. Die Qualität der Mütterlichkeit entscheidet über das Maß an Selbstsicherheit oder Minderwertigkeit, über die Befriedigungsfähigkeit oder bleibende Bedürftigkeit, über mögliche Selbstwahrnehmung und Eigenständigkeit oder verbleibende Fremdwahrnehmung und Abhängigkeit.

Die Verleugnung der Mütterlichkeitsstörungen, verbunden mit einer Idealisierung und Ideologisierung von Mutterschaft, habe ich in einem früheren Buch als Lilith-Komplex beschrieben. In Lilith, die laut alten Schriften zur Schöpfungsgeschichte Adams erste Frau war, werden drei wesentliche weibliche Eigenschaften und Lebensumstände symbolisiert, die in unserer Kultur unterdrückt, tabuisiert und verleugnet waren und noch sind: die Gleichwertigkeit der Frau, ihre sexuelle Aktivität und eigenständige Lustfähigkeit und vor allem kinderablehnende und -feindliche Einstellungen. Der Lilith-Komplex steht für den unaufgelösten Widerspruch zwischen der gesellschaftlichen Abwertung der Frau und der Idealisierung ihrer Mutterschaft. Dadurch bleiben die gefährlichen, schmerzlichen und tragischen Auswirkungen einer unglücklichen Mutter-Kind-Beziehung unverstanden, werden geleugnet, oder ihnen wird oft mit großem Eifer widersprochen. Die Mutter ist dann die Heilige, die Heldin, die vom Vater verratene und im Stich gelassene Frau, das Opfer widriger Umstände. Das alles mag sogar manchmal so stimmen, aber für das Kind und seine Entwicklung bleibt die Qualität der mütterlichen Betreuung entscheidend und prägend für sein ganzes Leben. Auch noch so plausible Gründe für das Versagen der Mutter haben für das Kind keinerlei Relevanz; sie werden später aber gerne zur Verschleierung und Abwehr schmerzlicher Wahrheiten benutzt. Wir müssen endlich erkennen und begreifen, dass eine sehr erfolgreiche, angesehene, tüchtige Frau und durchaus besorgte und bemühte Mutter aus der Erfahrungsperspektive des Kindes die «böse Hexe» sein kann – und kein anderer bemerkt dies.

3. Störungen der Väterlichkeit

Mit der Entwicklung des Kindes und seiner wachsenden Fähigkeit, sich real von der Mutter zu entfernen, bekommt der Vater zunehmende Wichtigkeit. Beschränkt sich seine Funktion anfangs darauf, Helfer und Unterstützer der Mutter zu sein – indem er ihr Arbeiten abnimmt, Betreuungsfunktionen übernimmt, Belastungen und Störungen fernhält und seine zur Mutter gewordene Frau auch emotional unterstützt, bestärkt, ermutigt und berät, sofern dies erforderlich und erwünscht ist –, wird er für das heranwachsende Kind allmählich zur Hauptperson, in der sich der andere Pol des Lebens verkörpert. Mütterlichkeit steht symbolisch für das Haus, den Hafen, die Heimat, für Schutz, Geborgenheit, Verbundenheit und Gemeinschaft – Väterlichkeit hingegen für den Weg, das Schiff, die Freunde, für Risiko, Gefahr, Eigenständigkeit und Alleinsein. Die Mutter ist verantwortlich für den Anfang – für Empfang und Geburt, der Vater ist verantwortlich für das Ende – für Abschied und die Akzeptanz des Todes. So zeichnen die Eltern mit ihren unterschiedlichen Funktionen die Lebenskurve ihres Kindes vor, und gemeinsam bestimmen sie die Spannung zwischen den Polen des Lebens.

Der Vater ist der ideale Dritte, der die exklusive Zweierbeziehung zwischen Mutter und Kind öffnet und zu einer dynamischen Dreierbeziehung werden lässt. Bereits bei der Geburt könnte der Vater das zur Welt gekommene Kind noch vor der Mutter auf den Arm nehmen und dadurch den ersten Trennungsakt zwischen Mutter und Kind bejahen. Auf diese Weise würde er dem Kind von Anfang an die Gewissheit vermitteln, dass auch außerhalb der Mutter gutes Leben möglich, Trennung zwar unvermeidlich ist, aber nicht nur schmerzlich sein muss, sondern auch lustvolle Befreiung bedeuten kann.

Die Eröffnung der dritten Dimension ist die wichtigste Funktion des Vaters für das Kind. Der gute Vater hilft dem Kind, die Mutter und damit das mütterliche Befriedigungsfeld zu verlassen, indem er den damit verbundenen Schmerz und die Trauer des Kindes bejaht und zugleich neue Bedürfnisse aktiviert und deren Befriedigung lehrt. Es geht dabei um Erlebnishunger, Schaffenskraft, Expansion, um Gestaltung und Selbstentfaltung mit zunehmender Erfahrung der eigenen Einmaligkeit, aber auch um Alleinsein und Begrenzung. Väterliche Funktionen sind also: aufzeigen, ermutigen, führen bzw. begleiten, fördern, fordern, verpflichten, strukturieren und begrenzen. Die Mutter schafft die Lebens- und Entwicklungsvoraussetzungen, und der Vater hilft, sie auszugestalten. So tragen beide dazu bei, dass sich ihr Kind im besten Sinne entfalten kann – profan gesagt: groß und stark wird. Mit dieser elterlichen Leistung, das Werden mütterlich und väterlich zu begleiten, wird ihnen zugleich die eigene Vergänglichkeit bewusst – die Ablösung durch die nächste Generation.

Davon mag der Vater in besonderem Maße betroffen sein, wenn er miterleben muss, wie seine Kinder durch seine Förderung aufblühen, ihn in vielen Fähigkeiten überholen und schließlich überflüssig machen. Es gibt einen Ambivalenzkonflikt der Elternschaft. Kinder sind die einzige Möglichkeit, genetisch über den Tod hinaus fortzudauern und auf diese Weise den Todesschrecken zu mildern. Zugleich müssen die Eltern hinnehmen, von den Kindern ersetzt oder gar verdrängt zu werden. Auch eine «energetische Elternschaft», die «ewiges Leben» zumindest dadurch ermöglicht, dass das eigene Wirken in anderen Wirkungen verursacht, ist mit der Ohnmacht verbunden, diese Wirkungen weder kontrollieren noch steuern zu können. Das «energetische Kind» zieht seine eigene Bahn! Häufig vermitteln die Eltern ihren Kindern unbewusst eine doppelte, widersprüchliche Botschaft. Ihre eine Seite lautet: «Entwickle und entfalte dich, werde selbständig und erwachsen, löse dich von uns und werde unabhängig.» Die andere Seite hingegen sieht so aus: «Bleib am besten klein, unwissend, lieb und unserer bedürftig» – so dass wir nichts von unserer Größe und Macht einbüßen. Dieser Ambivalenzkonflikt bildet sich natürlich auch in den Kindern ab: Wenn sie sich von den Eltern lösen, verlieren sie die elterliche Nestwärme, den Schutz und die Betreuung.

Die von Sigmund Freud stammende Deutung des sogenannten Ödipus-Komplexes, wonach die ambivalenten Gefühle zwischen Eltern und Kindern auf libidinöses Begehren und Eifersucht seitens des Kindes zurückzuführen seien, halte ich für eine schwerwiegende Fehldeutung. Es ist eine sexualisierte Schuldzuschreibung an das Kind zu dem Zweck, die elterlichen Mängel und ihr Versagen zu verschleiern. Der Ödipus des Mythos und der antiken Tragödie tötet den Vater keineswegs aus Eifersucht, sondern weil der Vater fordert: «Geh mir aus dem Weg!»

Und er heiratet seine Mutter – von der er gar nicht wissen kann, dass es seine Mutter ist –, nicht aus libidinösen Gründen, sondern weil er für die Leistung, das Rätsel der Sphinx gelöst zu haben, die Königin zur Frau bekommt.

Richtig wäre es hingegen, von einem «Laios-(Vater-) Komplex» zu sprechen. König Laios war der Vater von Ödipus. Der Sohn wurde von seinen Eltern ausgesetzt, um einem Orakelspruch zu entgehen, welcher besagte, dass der Vater von ihm verdrängt und getötet werde. Eher soll der Sohn sterben, als dass der Vater den Konflikt von Werden und Vergehen annimmt und in Würde austrägt, sprich seine Macht zum rechten Zeitpunkt an seinen Sohn übergibt.

Parallel ließe sich auch von einem «Iokaste-(Mutter-) Komplex» sprechen, der dann auftritt, wenn die Mutter den siegreichen Sohn wieder an sich bindet. Der Machtanspruch des Vaters und das Bindungsbegehren der Mutter symbolisieren auf drastische Weise die Schuld von Eltern, die ihre generative Funktion aufgrund eigener Störung missbrauchen und verraten. Ödipus blendet sich selbst, weil er diese schlimme Wahrheit nicht sehen will.

Eine gute Mutter hat ihr Kind so ausgerüstet, dass es, die Mutter verlassend, zu seinem eigenen Leben finden kann. Der gute Vater unterstützt die Lebensgestaltung seiner Kinder. Durch seinen angemessenen Rückzug vermittelt er die Begrenzung des Lebens im Zyklus von Geburt und Tod. Im Laios-Komplex symbolisiert sich die Schuld jener Väter, die ihre Söhne aus Furcht vor Entthronung und dem Ende des eigenen Lebens opfern. Und im Iokaste-Komplex kommt die Schuld jener Mütter zum Ausdruck, die ihre große mütterliche Macht und Bedeutung aufrechterhalten wollen, weil sie ihr «Verblühen» nicht akzeptieren können. Unreife Eltern können in dieser Hinsicht eine unheilvolle Allianz bilden: Die alternde Mutter verhindert die Eigenständigkeit und Selbstwerdung der Kinder, und der in seiner Potenz schwächelnde Vater reagiert mit aggressiver Macht auf deren Konkurrenz und auf die Gefahr, von den Kindern verdrängt zu werden. Ablösung, Reife und verantwortliche Übernahme der Lebensgeschäfte sind Ausdruck und Notwendigkeit einer normalen Entwicklung. Die Mutter hingegen, die nicht loslassen mag, und der Vater, der Begrenzung nicht akzeptieren will, verhindern eine gesunde Entwicklung ihrer Kinder. Fortbestehende Abhängigkeit und Gehemmtheit führen zu passiv-depressiven Lebensformen mit unendlichen Versorgungswünschen oder im Gegenteil – als Reaktionsbildung – zu kämpferisch-trotziger Pseudoautonomie mit dröhnendem und oft zerstörerischem Geltungsdrang. Wir kennen alle die jungen Frauen, die auf keinen Fall so werden wollen wie ihre Mütter und in der Tiefe doch auch keine bessere Mütterlichkeit gewonnen haben. Und wir kennen die stürmischen jungen Männer, die sich fiebrig in den Kampf stürzen, ohne Rücksicht und Respekt, um ihrer Vatersehnsucht zu entfliehen.

Vor dem Hintergrund des «Laios-Komplexes» lassen sich ebenfalls drei Formen von Väterlichkeitsstörungen unterscheiden:

Vaterterror

Der Vater erlebt das Kind von Anfang an als Konkurrenten, der ihm Aufmerksamkeit, Zuwendung und Versorgung raubt, seinen Raum einschränkt, seine Macht gefährdet, seine Bedeutung schmälert. Die unbewusste Botschaft des schwachen Vaters lautet: «Ich will dich nicht! Du störst! Du bist zu viel! Ich fühle mich bedroht durch dich!» Der schwache narzisstische Glanz des Vaters wird durch das Strahlen des Kindes matt. Statt jedoch die eigene Begrenzung zu erkennen und annehmen zu lernen, wird das Kind unterdrückt und bekämpft: «Du bist nichts wert! Du kannst nichts! Du bist ein Versager! Du bist das Letzte!»

Indem er das Kind unterdrückt und abwehrt, versucht der Vater krampfhaft, seine eigene Schwäche zu verleugnen und seine Identität zu stabilisieren. Er macht das Kind zum Sündenbock seiner Unreife. Statt sich mit den Defiziten und Fehlern *seiner* Eltern auseinanderzusetzen und die mühevolle Arbeit eigener Reifung und Stabilisierung auf sich zu nehmen, prügelt, quält und terrorisiert er sein Kind. Indem er vor allem den Sohn einschüchtert und kleinmacht, möchte er selbst der aufgeblasene Größte bleiben, um seine eigene Minderwertigkeit und Begrenztheit nicht erkennen und verarbeiten zu müssen.

Die psychischen Folgen beim Kind sind Einschüchterung, Unsicherheit, Ängstlichkeit, Gehemmtheit – der Rückzug aus Welterkundung und Lebensgestaltung. Aber auch hier ist ein Umschlagen ins Gegenteil, in übertriebene Männlichkeit, möglich: So produziert Vaterterror sowohl die resignierten Verweigerer wie auch die brutalen und verbissenen Kämpfer, die es allen zeigen wollen und oft genug sadistisch-rachelüstern das soziale Leben vergiften.

Bei Frauen finden wir die Folgen von Vaterterror bei den «Heulsusen», die sich gegen die erlittene Unterdrückung nur mit Tränen wehren konnten. Aber auch Mädchen können dem Vaterterror durch «Verhärtung» begegnen und zu «eisernen Ladys» werden, um die erfahrene Abwertung in Machtkämpfen und der Eroberung von Führungspositionen auszugleichen

Gesellschaftlich gesehen werden durch eine Dominanz von Vaterterror autoritäre Strukturen befördert, die sich in Familien, in Bildungsstätten, in der Armee und in der Bürokratie ausformen und sich bis hin zu autoritär-repressiven Gesellschaftssystemen entwickeln können. Das autoritäre System ist das kollusive Zusammenspiel von «Vaterterror» der Mächtigen und Untertanengeist der Mitläufer. Wenn ein vaterterroristisch-autoritäres System und massenpsychologisch wirksame Mutterdrohung zusammenkommen, wird das destruktive soziale Potenzial meistens durch Männer ausgetragen: entweder im revolutionären «Vatermord» oder durch die «Opferung» der Söhne auf dem Schlachtfeld. Die neue männliche Macht etabliert sich dann im Dienste des «Mutterschutzes» meist wieder autoritär. Der Wechsel vom deutschen Nationalsozialismus zum real existierenden Sozialismus legt Zeugnis von einer solchen tragischen Restaurierung autoritärer Strukturen ab.

Vaterflucht

Der bedürftig gebliebene Vater kann sich seiner Aufgabe und Pflicht auch durch Flucht entziehen. Er verfolgt eigene Interessen und verschleiert seinen Egoismus, indem er Arbeitsverpflichtungen und Verantwortung hinsichtlich seiner gesellschaftlichen, politischen, wissenschaftlichen, wirtschaftlichen oder sozialen Aufgaben vorschützt. Die errungene Größe und Bedeutung scheinen das flüchtige Verhalten gegenüber den Kindern zu rechtfertigen. Aber die Flucht findet natürlich auch auf viel primitiverem Niveau statt, etwa durch eigene Hobbys, durch Desinteresse an den Kindern und Beziehungsverweigerung, durch Rückzug an den PC oder den Fernseher, durch Krankheit und Sucht.

Die unbewusste Botschaft eines solchen Vaters an sein Kind lautet: «Ich bin nicht interessiert an dir, ich habe keine Zeit für dich, ich muss mich um wichtigere Angelegenheiten kümmern. Du, Kind, bist nicht so wichtig wie die großen Aufgaben, die draußen auf mich warten und die ich zu erfüllen habe.»

So wächst das Kind real ohne Vater auf oder mit einem desinteressierten Vater. Es kann sich nicht hilfreich identifizieren, die nötige Auseinandersetzung mit Männlichkeit und Väterlichkeit bleibt ihm versagt. Das symbolische Bild des Mannes und Vaters wird dann vorrangig durch die Einstellung der Mutter geprägt, die bei alleinerziehenden Müttern in aller Regel mit Vorurteilen behaftet ist und von Kränkungen und eigenen Behinderungen, mit dem männlich-väterlichen Pol umzugehen, beeinflusst wird.

Häufig bleiben die betroffenen Kinder sogenannte Muttersöhnchen und Muttertöchter, die schwach, strukturlos, ohne Ziel und Ehrgeiz ihr Leben verbringen und am liebsten versorgt sein möchten. Da sie wenig Anstrengungsbereitschaft entwickelt haben, fehlt ihnen auch die Freude an Leistung und Erfolg. Doch auch die eher passive Verweigerungshaltung und das Sich-treiben-Lassen bleiben ohne Spannung und Aufregung. Einen Ausgleich der Vaterlosigkeit suchen die Betroffenen dann gerne bei den «weichen» Autoritäten, wie sie in esoterischen, ökologischen und alternativen Lebensentwürfen zu finden sind. Damit möchte ich weder die Esoterik und erst recht nicht ökologisches und alternatives Engagement ablehnen oder prinzipiell in Frage stellen. Es geht mir hier lediglich um ihren ideologischen Missbrauch zur Abwehr einer Vatersehnsucht durch die betonte Abkehr von Stärke, Disziplin, Struktur und Führung. Die verleugnete Väterlichkeit sickert häufig in Form von Machtkämpfen, ideologischer Verhärtung und Feindbilddenken in die alternativen Strukturen ein, wie man es an den Grünen und der Emanzipationsbewegung der Frauen beobachten konnte.

Vatermissbrauch

Um die Begrenzung des Lebens und die väterlichen Schwächen überwinden oder wenigstens ausgleichen zu können, werden die Kinder zu «Selbstobjekten» des Vaters hochgezüchtet. Sie sollen durch besondere Leistungen den Vater «unsterblich» machen. Der Vater braucht ein Vorzeigekind, er übt starken Leistungsdruck aus, manipuliert und regiert mit Lob und Tadel. Er ist der Antreiber zu Höchstleistungen, der Trainer, der seine Sprösslinge zu Siegern machen will. Besonders zynisch mag diese Störung der Väterlichkeit dann erscheinen, wenn der Sohn als «Held» für Volk und Vaterland sein Leben einbüßt. Im Phänomen der Kriegstreiberei treffen Vatermissbrauch und Vaterterror in unheilvoller Weise zusammen. Die Söhne werden auf ein verlogenes Ideal hin erzogen und mit der Aussicht auf unsterblichen Ruhm in die Schlacht geschickt, in der sie auch am besten sterben sollen, um die dunkle väterliche Botschaft zu erfüllen. Der Heldentod des Sohnes verschafft dem Vater symbolischen Anteil an dessen Unsterblichkeit, ohne dass er dafür selbst den Platz räumen müsste.

Im Fall des Vatermissbrauchs lautet die unbewusste väterliche Botschaft an das Kind demnach: «Du bist mein Stolz! Nur wenn du dich richtig anstrengst und erfolgreich bist, kann ich dich achten und wertschätzen!» Mit dieser Einstellung triezen Väter, Lehrer, Trainer und Manager ihre Zöglinge. Die anerkennenden Worte, die Medaillen und Orden oder das Geld sollen vertuschen, was hier an Missbrauch und Vergewaltigung geschieht.

Bei der Tochter erhält der Vatermissbrauch mitunter noch eine kriminelle Zuspitzung, wenn der Vater seine Tochter sexuell missbraucht. Versagt die reale Mutter, sucht die Tochter beim Vater häufig mütterliche Zuwendung, und sie braucht natürlich auch väterliche Führung und Anerkennung, über die dieser Vater nicht verfügt. Der missbrauchende Vater hat weder ausreichende mütterliche noch gute väterliche Fähigkeiten; er nutzt das Zutrauen und die Bedürftigkeit seiner Tochter schamlos für die eigenen Interessen aus, wobei sich der Unsterblichkeitswunsch auch hier auf dunkelste, inzestuöse Weise manifestieren mag.

4. Im Dienste des Mutterschutzes

Mit seinen Fehlern und Schwächen bietet der Vater aber auch hervorragende Projektionsflächen für die Ablenkung von den Mütterlichkeitsstörungen. Der brutale Vater ist das ideale Feindbild, um die frühe Bedrohung durch die Mutter zu überdecken. Wenn ein Vater schlägt, setzt er sich so offenkundig ins Unrecht, dass die Ablehnung des Kindes durch die Mutter kaum noch wahrgenommen werden muss. Auch der missbrauchende Vater, der sein Kind übermäßigem Leistungsdruck aussetzt, kaschiert leicht die unendlichen Anstrengungen, die das Kind bereits im hoffnungslosen Bemühen um die Liebe der Mutter aufgebracht hat. Um der Liebe der Mutter willen macht der Mensch sich zum Helfer und Diener. Für die Anerkennung durch den Vater strebt er nach immer höheren Leistungen, nach Erfolgen und Siegen. Aber wie gesagt: Kein Sieg bringt Liebe.

Selbst ein Vater, der sich durch Abwesenheit oder Desinteresse erkennbar seinen Verpflichtungen entzieht, macht den Muttermangel leicht unkenntlich oder lässt ihn schnell vergessen. Ist der Vater gar nicht oder nur selten anwesend, wird über die eventuelle Lieblosigkeit der Mutter häufig nicht mehr nachgedacht, denn sie ist es ja, die das Kind versorgt. Die alleinerziehende oder verlassene Frau ist dann zwangsläufig die Mutterheldin – egal, wie sie ihr Kind real behandelt und von welcher Qualität die Mutter-Kind-Beziehung in Wirklichkeit ist.

Die Schuldverschiebung auf den Vater im Dienste des Mutterschutzes erreicht bei sexuellem Missbrauch der Tochter durch den Vater ihren tragischen Höhepunkt. Es ist nahezu Mode geworden, sexuelle Handlungen des Vaters an seiner Tochter als Alleinursache aller seelischen Folgen für das Mädchen zu begreifen. Dabei wird kaum noch ein Unterschied gemacht, ob der Missbrauch mit brutaler Gewalt vollzogen wurde oder möglicherweise Ausdruck von Beziehungsnot bei Vater und Tochter war. Letzteres entschuldigt einen missbrauchenden Vater in keiner Weise, trägt aber zu einem tieferen Verständnis der Situation bei. Denn traumatisierend ist selten die sexuelle Handlung allein, sondern ebenso die Verlassenheit, die Schutzlosigkeit, die Einsamkeit und Abweisung des Kindes durch seine Mutter, verbunden mit dem Verrat des Vaters, dessen Zuwendung eben nicht der Tochter, sondern seiner pervertierten Befriedigung gilt. Wenn der Vater das erkennbare «Schwein» ist, bleiben alle für die Traumatisierung des Kindes wesentlichen Fragen ungeklärt: Wie war das Verhältnis zwischen Mutter und Tochter? Wie war die Ehebeziehung der Eltern? Wie war ihre Sexualität? Wieso hat die Mutter vom sexuellen Missbrauch nichts gewusst? War es ihr vielleicht sogar recht? Hat sie die Tochter verraten und geopfert? Hat sie sich ihren Mann vom Leibe halten wollen? Warum hat sie nichts unternommen, weder das Kind geschützt noch den Vater zur Rede gestellt und ihn notfalls angezeigt? Gar nicht selten habe ich in diesem Zusammenhang von missbrauchten Opfern erfahren, dass sie sich hilfesuchend an die Mutter gewandt hatten, bei ihr aber nur Unglauben oder sogar Vorwürfe ernteten: «Das bildest du dir nur ein! Das kann gar nicht sein! Du bist selbst schuld! Warum verhältst du dich so aufreizend?» Man mag sich fragen, warum eine so gravierende väterliche Schuld von der Mutter geleugnet wird. Zur Ablenkung von den Mütterlichkeitsstörungen ist ein verschonter Täter möglicherweise brauchbarer als ein zur Rede gestellter Schuldiger oder ein verurteilter Straftäter; denn mit dem Bekanntwerden seines Fehlverhaltens könnte die ganze Familiendynamik in die Kritik geraten, oder die Mutter wäre mit ihrer Problematik wiederum allein und ihr direkt ausgesetzt.

Mit dem Hinweis auf die Funktion des Mutterschutzes kann das strafbare Verhalten eines Vaters oder das väterliche Versagen nicht entschuldigt oder bagatellisiert werden. Die väterliche Verantwortung bleibt davon unberührt. Betreffen die Folgen väterlichen Fehlverhaltens viele Menschen, können sie sogar gesellschaftliche Relevanz bekommen. Eine von Väterlichkeitsstörungen geprägte Gesellschaft steht trotz aller äußeren Erfolge auf tönernen Füßen, wenn die mütterlich grundierte emotionale Lebensbasis und die Beziehungssicherheit fehlen. Es handelt sich dann lediglich um autoritär oder kompensatorisch errungene Erfolge, die beim Nachlassen väterlicher Macht in sich zusammenbrechen beziehungsweise mit viel Getöse von den Eingeschüchterten, Unterdrückten oder Gequälten abgewertet und zerstört werden. Dominieren Väterlichkeitsstörungen, so werden im Kampf um väterliche Anerkennung das Konkurrenzdenken genährt und die Leistungsspirale angekurbelt. Dem Streben nach Erfolg und Wachstum entspricht aber keine übergeordnete verantwortungsvolle Zielsetzung, und bei um sich greifender Verunsicherung werden die wachsenden sozialen Ungerechtigkeiten kleinlaut und ergeben hingenommen.

Auch die vatergestörte, neurotische Leistungsgesellschaft steht letztendlich aber im Dienste des «Mutterschutzes». An die Stelle einer Kultivierung der Grundbedürfnisse des Menschen treten neurotische Ersatzbefriedigungen: Geld statt Liebe, Sucht statt Lust, Kampf statt Gefühl. Das Streben nach Erfolg und Macht versucht, Bedrohungen, Bedürftigkeiten und Abhängigkeiten zu kompensieren, deren Ursprung Mütterlichkeitsstörungen sind.

Immer dann, wenn ich die Mütterlichkeitsstörungen in den Mittelpunkt stelle, kommt es zu einem vielstimmigen

Aufschrei, und rasch folgt die Reaktion: «Ach so, die Mütter sind wohl an allem schuld!» Ja, antworte ich – zwar nicht an allem auf dieser Welt, wohl aber an den Ursachen der beschriebenen «Frühstörungen». Für die Chancen guter Mütterlichkeit in unserer Gesellschaft sind indessen nicht nur die Mütter selbst, sondern wir alle verantwortlich. Dies betrifft auch die Frage, wie die Folgen früher Mütterlichkeitsstörungen im Laufe der Entwicklung verstärkt oder vermindert werden und in welcher Form sie weiterwirken. Häufig wirken konstruktive Kompensationsbemühungen früher Defizite am Ende doch wieder destruktiv. So können großartige und gefeierte Erfolge, wie sie auf den Gebieten der Wissenschaft, des Sports oder der Politik infolge von Abwehrleistungen entstehen, eben auch individuelle Fehlhaltungen oder kollektive Folgen bewirken, die sich im Schatten der Siegesfeiern verbergen. Später stellt sich dann heraus, dass die sportlichen Erfolge durch Doping unredlich erworben wurden, dass großartige wissenschaftliche Entdeckungen kriminell missbraucht werden und politischer Pragmatismus schließlich die Zunkunft gefährdet. Der Kompensations- und Abwehrcharakter des Handelns entehrt die Redlichkeit, missachtet die Begrenztheit und vernachlässigt die Ganzheitlichkeit.

Die Emanzipationsbewegung der Frauen will mit dem Thema «Mütterlichkeit» gewöhnlich wenig zu tun haben. Im gerechten Kampf um die gesellschaftliche Gleichstellung der Frau werden die biologischen, psychosozialen und beziehungsdynamischen Besonderheiten des Mutterseins nivelliert. Man darf sich jedoch fragen, weshalb sich Frauen das so bedeutungsvolle Vorrecht auf Schwangerschaft, Geburt und Stillzeit nehmen lassen und es zum Verhandlungsgegenstand machen. Ich erkenne darin einen wichtigen Hinweis auf den Lilith-Komplex, also auf die Verleugnung erlittener Mütterlichkeitsstörungen und die eigenen Mütterlichkeitsschwächen.

Der Lobgesang auf eine «neue Väterlichkeit» wird schnell albern, wenn damit lediglich gemeint sein soll, dass auch der Vater sein Kind wickeln, füttern und ausfahren kann. Selbstverständlich ist der Vater gefordert, die Partnerbeziehung zu seiner Frau auch nach der Geburt des Kindes weiter zu gestalten, seine Frau in ihren mütterlichen Aufgaben und Pflichten zu unterstützen, sie sozial mit abzusichern und ihr bei der Pflege und Betreuung des Kindes zu helfen. Aber bei allen sinnvollen Bemühungen: Er ist nicht die Mutter! Und das heißt, er kann die Mutter nicht wirklich als das Bezugsobjekt ersetzen, das sie für das Kind durch Schwangerschaft und Geburt unverwechselbar und unaustauschbar geworden ist. Der Ruf nach dem «neuen» Vater darf nicht die Mütterlichkeitsstörungen kaschieren und den Kampf gegen die soziale Benachteiligung der Mütter schwächen. Väter und Mütter haben sehr wohl gleichwertige, aber durchaus verschiedenartige Funktionen für ihre Kinder zu erfüllen, und als Eltern sind sie aufgerufen, gemeinsam die gesellschaftlichen Verhältnisse für die Zukunft ihrer Kinder zu gestalten.

Entwicklungspsychologisch gesehen sind die frühen Mütterlichkeitsstörungen besonders belastend. Von der Mutter nicht gewollt zu sein, ihrem Tötungsgedanken (etwa ihrem Abtreibungswunsch) ausgesetzt zu sein, keine Chance auf ihre Liebe zu haben oder schon zu früh auf sie verzichten zu müssen und von ihr verlassen zu werden, hat eine so starke lebensbedrohliche Qualität, dass verleugnet, abgespalten und verdrängt werden muss, damit die davon Betroffenen überhaupt überleben können. Überlebenskunst wird dann das große Thema dieser im Kern ihrer Existenz infrage gestellten Menschen. Sie können damit später großartige Leistungen vollbringen und in hochriskanten Arbeitssituationen, in Extremsportarten oder auch nur im Konkurrenzkampf ihre Fähigkeit unter Beweis stellen, trotz widrigster Umstände zu bestehen und erfolgreich zu sein. Die Bedrohung durch die Mutter hat sie zu Gladiatoren des Überlebens werden lassen.

Man muss aber auch zur Kenntnis nehmen, dass die davon Betroffenen gefährliche Situationen brauchen, diese also bewusst suchen und sogar provozieren oder herbeiführen, um die ungeheure Wahrheit ihres Lebensschicksals im Verborgenen halten zu können.

Hasserfüllter Streit, unglückliche Partnerschaften, die Kultivierung eines Feindbildes und existenzgefährdende Aktionen stehen auf diese Weise im Dienste des Mutterschutzes. Mit dem Verweis auf reales gegenwärtiges Unrecht, auf eine schlechte Behandlung oder die gefährliche Situation wird die Erinnerung an die frühe Bedrohung überdeckt und die mütterliche Schuld im Verborgenen gehalten. Nicht selten wird die Mutter dann sogar in besonderer Weise verehrt und geheiligt oder mit Rücksicht auf die schwierigen Verhältnisse, in denen sie leben musste, vorschnell exkulpiert.

Die Verschuldung der Mutter an ihrem Kind und die sozialen Umstände, in denen Mütter leben (müssen), hängen zwar eng zusammen, sind aber aus der Sicht des Kindes zwei grundverschiedene Dinge. Die berechtigten Gefühle gegenüber dem mütterlichen Versagen dürfen nicht durch ein Verständnis für die Situation der Mutter unterdrückt und wegerklärt werden. Dies geschieht allerdings regelmäßig und ist eine häufige Ursache für unverstandene Krankheit oder für das Fehlverhalten eines Erwachsenen, der seine Kindheit nicht wahrhaben will.

5. *Plädoyer für eine «Elternschule»*

Es gibt kaum ernsthafte Bemühungen, Frauen wie Männer durch entsprechende Schulungen und Beratungen auf ihre so wichtigen Aufgaben als Väter und Mütter angemessen vorzubereiten und dann in ihren Funktionen auch real zu unterstützen. «Elternschulen» und damit verbunden alle Bemühungen, das Verständnis und den Umgang mit Kindern wesentlich zu verbessern, halte ich nicht nur für eine ethische Verpflichtung, sondern für die wichtigste Investition in die Zukunft. Für alles Mögliche haben wir Erlaubnis- und Führerscheine eingeführt, die den Erwerb von Kompetenz sicherstellen und damit die Prävention von Fehlern und Risiken anstreben; aber für das höchste und bedürftigste Gut, das wir Menschen in unsere Hände bekommen – unsere Kinder –, werden solche Forderungen nicht gestellt und Hilfen nur sehr begrenzt gewährt. Die «Elternschule», die ich anstrebe, müsste vor allem ein Ort sein, an dem die eigenen Erfahrungen mit Mütterlichkeit und Väterlichkeit erinnert, in ihren Wirkungen verstanden und gefühlsmäßig verarbeitet werden. Künftige Eltern sollten die ihnen bislang unbewussten Motive für ihre Elternschaft in Erfahrung bringen, ihre Einstellungen zu Kindern überprüfen und die eigenen väterlichen und mütterlichen Fähigkeiten erkunden können. Kenntnisse der Entwicklungspsychologie, der Beziehungs- und Kommunikationstheorien müssten dem Bildungsstand der Eltern entsprechend aufbereitet und vermittelt werden. Gefühlskunde muss einen zentralen Stellenwert erhalten. Um die Auswirkungen der Geburt eines Kindes auf die Partnerschaft, die familiären Rollen und die Sexualität zu verstehen, die damit einhergehenden Emotionen verarbeiten und die dafür notwendigen Absprachen treffen zu können, benötigen Eltern häufig hilfreiche Begleitung. Über «Elternschulen» ließen sich auch gegenseitige Unterstützung bei Krankheit, dringenden Verpflichtungen, Berufstätigkeit und Notlagen organisieren. Sie könnten auch Tagesmütter, Super-Nannys, Therapeuten und Sozialpädagogen vermitteln und vielfältige Angebote und Projekte für Väter, Mütter, Eltern und Kinder organisieren helfen. Die Qualität der Kinderbetreuung und -begleitung entscheidet nicht nur über das Wohlbefinden der jetzigen Kinder und späteren Erwachsenen, sondern immer auch über die Entwicklung der Gesellschaft.

IV. DIE FOLGEN DER «FRÜHSTÖRUNGEN» ERSCHWEREN «BEZIEHUNGSKULTUR»

Die ersten Beziehungserfahrungen prägen den Menschen ein Leben lang. Dieses psychotherapeutische Erfahrungswissen wird durch die neuesten neurobiologischen Erkenntnisse zunehmend gestützt. Die psychosoziale Prägung bildet sich in den neuronalen Vernetzungen des Gehirns ab, die durch spezifische Botenstoffe (Transmitter) vermittelt werden.

Bereits den Einflüssen, denen der Embryo im Mutterleib ausgesetzt ist, muss größte Bedeutung zuerkannt werden. Die Umstände der Geburt, die Stillzeit, die Qualität der Beziehung von Mutter und Vater zu ihrem Kind entscheiden wesentlich über sein Schicksal.

Wenn wir die dargestellten Mütterlichkeits- und Väterlichkeitsstörungen nach ihren späteren Folgen beschreiben wollen, verursacht Mutterbedrohung eine prinzipielle Existenzunsicherheit und Zweifel an der Daseinsberechtigung. Muttermangel hinterlässt das Kind bedürftig und sehnsüchtig. Muttervergiftung führt zur Entfremdung und Abhängigkeit. Vaterterror verursacht eine Leistungs- und Erfolgsunsicherheit mit angstvollen Hemmungen. Bei Vaterflucht fehlen später meistens der Leistungswille, der Ehrgeiz, die Anstrengungsbereitschaft und das Durchhaltevermögen. Vatermissbrauch macht Mädchen zu leistungswilligen «Dienerinnen» mit der Gefahr der emotionalen und sexuellen Ausbeutung. Jungen hingegen werden häufig sehr egoistische Typen mit überzogenem Ehrgeiz und großspurigem Verhalten.

Natürlich sind die genannten Folgen immer nur richtungweisende Annäherungen an die Wirklichkeit, da es eine Fülle von verschiedenen Faktoren gibt, die auf die Entwicklung einwirken. An der prinzipiellen Bedeutung des elterlichen Einflusses ändert dies jedoch nichts.

Mit den negativen Prägungen durch die Eltern können die Voraussetzungen für eine Beziehungskultur nicht oder nur sehr begrenzt erreicht werden. Im 6. Kapitel werde ich die Grundlagen von Beziehungskultur näher darstellen. Ich will aber jetzt schon darauf hinweisen, wie es durch die Folgen von Frühstörungen praktisch unmöglich wird, diesen Grundlagen zu genügen.

Die «Beziehung zu sich selbst» (s. S. 96) wird durch Bedrohung, Bedürftigkeit, Entfremdung und Einschüchterung nachhaltig gestört. Will sich ein Mensch mit Frühstörungsanteilen dem eigenen Innenleben zuwenden, wird er immer mit Angst, Wut, Schmerz und Trauer konfrontiert:

— mit Angst und Wut aufgrund der erlebten Einengung, Unterdrückung und Einschüchterung;
— mit Schmerz aufgrund des Liebesmangels;
— mit Trauer wegen der verlorenen Lebensmöglichkeiten.

Die für ein eigenständiges Leben so wichtige Selbsterkenntnis wird also wirkungsvoll behindert. Dazu kommen die Unkenntnis und die Unerfahrenheit im Umgang mit sich selbst, wenn man vorwiegend entfremdet gelebt hat, also immer abhängig von äußeren Erwartungen geblieben ist. Der Weg zu sich selbst ist dann durch Hürden bedrohlicher Erinnerungen und belastender Gefühle versperrt. Hinzu gesellen sich Peinlichkeit und narzisstische Kränkung aufgrund des bislang verfehlten Lebens und der Tatsache, dass man immer noch wie ein Lehrling das eigene Leben erst finden und lernen muss.

«Beziehung durch authentische Mitteilung» (s. S. 101) ist praktisch nicht möglich, da «Frühstörungen» den Betreffenden dazu verdammen, Angelerntes, Aufgesetztes und Abwehrendes zu äußern, um eben gerade nicht bis zu seinen authentischen Wahrnehmungen vorzudringen. Je ehrlicher und echter ein Mensch sich mitteilen würde, desto mehr würden seine Geschichte und Erfahrungen und damit wiederum alle belastenden Erinnerungen und Gefühle berührt. Ohne Not und Leidensdruck macht das niemand. Wir verfügen Gott sei Dank über Schutzmechanismen vor einer zu bitteren Wahrheit, allerdings um den sehr hohen Preis, dass wir uns dann selbst nicht mehr authentisch wahrnehmen und mitteilen können.

Dadurch sind auch die für eine «gelebte Beziehungskultur» (s. S. 105) notwendigen Funktionen schwer behindert. Bei unerkannten Frühstörungen und unaufgelösten Folgezuständen bleibt das «Reflektieren» (s. S. 105) sehr begrenzt. Ohne tiefere Berührung lässt sich nur die Oberfläche des nach außen orientierten Lebens reflektieren. Deshalb kommt es auch zu endlosen Gesprächen über Äußerlichkeiten, ohne dadurch etwas von den persönlichen Bezügen des Betreffenden zu erfahren. Vom «Fühlen» (s. S. 107) bleibt ein Frühgestörter aus gutem Grund abgeschnitten, da er sich vor unerträglichen Gefühlen schützen muss. Das «Kommunizieren» (s. S. 111) muss deshalb auch oberflächlich bleiben: Es wird über eine Sache oder eine Person lang und breit geredet, um auf keinen Fall etwas von sich selbst preiszugeben. «Klare Ansagen» (s. S. 115) sind unmöglich, da in der Tiefe keine Klarheit herrscht und deshalb alle Aussagen ungeerdet bleiben, abhängig von äußeren Einflüssen, flatterhaft wie ein Fähnlein im Wind.

«Zuhören» (s. S. 121) geschieht stark selektiv, um ausschließlich das an sich heranzulassen, was ungefährlich ist und nicht frühere Beziehungsstörungen aufrührt. So hört man eben nur das, was man hören will oder kann, ohne Angst zu bekommen, und das ist von dem wirklich Gesagten oft sehr weit entfernt.

Man kann nur «Bezeugen und Halten» (s. S. 125), was man von sich selbst kennt und aushalten sowie verarbeiten gelernt hat. Ansonsten werden jede authentische Mitteilung und jedes echte Gefühl eines anderen zur Bedrohung der eigenen Abwehr. Das Echte steckt an und aktiviert die eigenen Erfahrungen. Sollen diese aber zum Schutz vor Bedrohung und Schmerz verborgen bleiben, werden ehrliche Mitteilungen unerträglich, und der Betreffende wird aufrichtige Menschen meiden, herabwürdigen oder gar bekämpfen. Der authentische Mensch wird von den Frühgestörten «ans Kreuz geschlagen».

Im Gefühlsstau hat man nur den eigenen Vorteil im Auge. Die Wahrnehmung des anderen bleibt eingeschränkt, ein Gefühl für seine Interessen und Bedürfnisse ist nicht vorhanden. So geht die Verhandlungsbereitschaft (s. S. 127) verloren; an ihre Stelle tritt ein unbedingter Durchsetzungswille, um die eigene Abwehrhaltung zu schützen. Die genannten Behinderungen und die Unfähigkeit zu einer «Beziehungskultur» führen häufig zu autoritären Beziehungen, zu kämpferischen, gewaltförmigen und kriegerischen Auseinandersetzungen, zur gnadenlosen Konkurrenz in egoistischen Machtkämpfen. Angesichts dessen müssen wir leider feststellen, dass sich unsere Gesellschaft vorwiegend in einem Zustand von Beziehungsunkultur befindet. Wie stark die Beteiligung des Einzelnen daran sein kann – denn es muss eine Mehrheit der Menschen davon betroffen sein, wenn sich entsprechende Auswirkungen in der Gesellschaftsentwicklung abbilden –, will ich an typischen Mitteilungen «Frühgestörter» zeigen. So kann jeder mutige Leser eine Ahnung von der eigenen Betroffenheit bekommen.

Äußerungen von Menschen, die auf «Frühstörungen» hinweisen, sind häufig:

Bedrohung:

- Ich gehöre nicht dazu.
- Ich bin nichts wert.
- Ich bin nicht berechtigt.
- Ich kann nichts.
- Ich bin nicht okay.
- Ich weiß nicht, wer ich bin.
- Ich weiß nicht, wo mein Zuhause ist.
- Ich finde keinen Platz im Leben.
- Ich finde meinen Weg nicht.
- Ich bin ein Verlierer.
- Ich kann mich nicht wirklich zeigen.
- Ich bin draußen.
- Ich bin ganz allein.
- Ich kann nicht fühlen. Ich komme an meine Gefühle nicht heran.

— Ich finde mich zum Kotzen.
— Ich bin hässlich, dumm, ungeschickt (und andere Selbstentwertungen).
— Ich habe keinen Halt.
— Ich bin entwurzelt.
— Ich war nicht gewollt.

Bedürftigkeit:
— Ich bekomme nie genug.
— Keiner hat mich lieb.
— Keiner versteht mich.
— Niemand ist für mich da.
— Ich fühle mich ganz allein.
— Ich möchte nur mal gehört und verstanden werden.
— Keiner hat Zeit für mich.
— Ich werde nicht ernst genommen.
— Ich will immer mehr.
— Ich bin süchtig!
— Ich werde nie fertig.

Abhängigkeit:
— Ich weiß nicht, was ich will.
— Was ist richtig?
— Was soll ich tun?
— Jeder sagt etwas anderes!
— Ich möchte es jedem recht machen.
— Ich wurde kleingemacht.
— Ich hatte niemals recht.
— Ich habe keine Meinung dazu.
— Ich bin hilflos.
— Ich weiß keinen Rat.
— Ich brauche Führung.

— Ich will versorgt werden.
— Ich weiß nicht weiter.

Gefühlsstau:

— Ich stehe unter Druck.
— Es zerreißt mich.
— Ich halte das nicht mehr aus.
— Ich verspüre blinde Wut.
— Das regt mich alles auf.
— Ich komme nicht zur Ruhe.
— Wenn ich könnte, wie ich wollte …
— Das ist unerträglich.
— Ich muss hier weg.
— Ich bring dich noch um.
— Mir ist zum Kotzen.
— Ich kann gar nicht so viel fressen, wie ich kotzen möchte.
— Ich könnte zuschlagen!
— Das macht mich rasend.
— Ich bin völlig am Boden.

Elterliche Aussprüche:

— Meine Mutter hat mir immer gesagt, ich sei vertauscht worden.
— Ich bin eine schwere Geburt gewesen, meine Mutter wäre an mir fast gestorben.
— Meine Mutter konnte meinetwegen nicht studieren.
— Mein Vater prophezeite vor der Geburt: Das kann nur ein Affe werden.
— Vater sagte: Dich hat der Esel im Galopp verloren.
— Wir wollten dich nicht, aber dann haben wir dich gerngehabt.

— Meine Eltern haben mich nie angesehen.
— Meine Eltern haben mich nie gelobt. Ich konnte machen, was ich wollte, nie war es gut genug.
— Mir wurde zu meiner Entstehung gesagt: Du warst der Letzte im Regal.
— Ich musste bei meiner Mutter im Bett schlafen, wenn der Vater Nachtschicht hatte.
— Wenn mein Vater besoffen nach Hause kam, hat mich meine Mutter schnell zu sich ins Bett geholt, damit er nicht zu ihr kam.
— Wenn du ein Junge geworden wärst, wäre es noch okay gewesen.
— Meine Mutter sagte immer, ich sei als Teufel geboren.
— Ich durfte nie besser sein als meine Mutter.
— Ich durfte nie widersprechen.
— Du hast unsere Ehe zerstört (oder auch zusammengehalten).
— Du warst mein Sonnenschein.
— Du warst pflegeleicht.

Die gewöhnlichen Auswirkungen von «Frühstörungen» in der gesellschaftlichen Entwicklung zeigen sich beispielsweise an folgenden Umständen:
— Unerkannte Bedrohungsgefühle werden in Feindbilddenken und Fremdenhass, in Verschwörungstheorien, durch Gewalt, in Aufrüstung und militärischen Auseinandersetzungen ausagiert.
— Individuelle Bedrohungsphantasien dominieren: Nachbarn, Vorgesetzte, Partner, Familienangehörige oder politische Gegner werden mit Hass verfolgt.
— Beziehungssehnsucht wird durch Aktionismus abge-

wehrt (z. B. wenn ständig etwas los sein muss, wenn der Wunsch, Spaß zu haben, alles dominiert, wenn die Beschäftigung mit Internet, Computerspielen oder Handy Suchtcharakter annimmt).

- Werbung oder die Verheißung von Gesundheit, Jugendlichkeit, Schönheit oder Schlankheit beeinflussen die Lebensführung in relevanter Weise; politische Phrasen werden nicht hinterfragt.
- Seelischer Hunger wird durch Essen, durch Konsum und Besitz gestillt.
- Der Wunsch nach Anerkennung und Daseinsberechtigung klammert sich ehrgeizig an Leistung und Erfolg.
- Sexuelle Lust lässt sich nur durch bestimmte Techniken bzw. Hilfsmittel und ständigen Partnerwechsel erreichen.
- Krankheiten werden auf einfache Diagnosen reduziert, statt die komplexen Lebensumstände zu erkennen, die krank machen und die verändert werden müssten.

V. DIE BEZIEHUNGSSTÖRUNGEN IN DER KOMMUNIKATION

An der Art und Weise, wie Menschen kommunizieren, lässt sich schnell erkennen, inwiefern Frühstörungen ihre Mitteilungsfähigkeit und ihre Beziehungskultur bestimmen.

Vorwürfe, Anklagen, Beschuldigungen, wie zum Beispiel

— Du hast Schuld, dass ich …!
— Du machst mich ganz unglücklich!
— Wie kannst du nur …!?
— Ich hasse dich!
— Du bist so was von blöd!
— Das hätte ich nicht von dir gedacht!

weisen auf eine Einstellung hin, die davon ausgeht, der andere sei der Täter und man selbst nur das Opfer. Aber auch in sehr positiven, idealisierenden Zuschreibungen an den Beziehungspartner wie etwa

— Du bist ja großartig!
— Ich liebe dich so, wie du bist.
— Ohne dich kann ich nicht leben.
— Du bist der beste Mensch, den ich kenne.

und vor allem in der hoffnungsvollen, sehnsüchtigen, zuweilen hysterischen Verehrung, die Künstlern, Sportlern oder auch Politikern zuteil wird, zeigen sich Erwartungen, die ursprünglich an andere gerichtet waren. Der

Auftritt eines Popstars, der Sieg einer Fußballmannschaft oder der Wahlerfolg eines Politikers werden so erlebt und behandelt, als würde darin das ganze Lebensglück liegen. Nicht nur die Beschuldigungen und Vorwürfe, mit denen man andere belastet, auch die Erwartungen und Hoffnungen, die sich auf andere richten, verweisen in der Regel auf ungestillte frühe Bedürfnisse oder auf schmerzliche Erfahrungen der eigenen Entwicklungsgeschichte, die nun per Projektion auf ein Gegenüber übertragen werden. Dem Beziehungspartner oder, noch leichter, einem entfernten Idol oder Feindbild werden Eigenschaften zugeschrieben, die im Guten von den Eltern hätten ausgeübt werden sollen oder im Bösen tatsächlich von ihnen ausgingen. Erinnert das aktuelle Geschehen in irgendeiner Weise an lebensgeschichtlich frühe seelische Verletzungen oder Defizite, dann wird das gegenwärtige Erleben mit ehemaligen Erfahrungen oder seinerzeit offengebliebenen Wünschen beladen und so die Wahrnehmung der Realität verzerrt.

An unangemessenen, überzogenen Reaktionen lässt sich spüren, dass die Ebene des tatsächlichen Geschehens verlassen und die Situation genutzt wird, um unerledigte Erwartungen endlich erfüllt zu bekommen oder ungesühnte Enttäuschungen abzureagieren. Damit wird jede reale Beziehung zu einem Schlachtfeld, einer Berg-und-Tal-Fahrt oder zu einem sehr kurzen Höhenflug ins Paradies, aus dem man alsbald in die Hölle ständiger qualvoller Verwicklungen abstürzt.

Wer in einer Partnerschaft den anderen für die eigenen Gefühle verantwortlich macht, der verrät, dass er in seiner seelischen Entwicklung ans Frühstörungserleben fixiert geblieben ist. Das Kind darf die berechtigte Erwartung haben, dass man es gut behandelt, weil es noch abhängig ist und bei schlechter Behandlung wenig Chancen hat, sich wirkungsvoll zu wehren, andere Verhältnisse herbeizuführen oder misslichen Situationen wirklich aus dem Weg zu gehen. Niemals mehr haben Menschen so viel Macht wie als Eltern. Das Kind kann sich zwar trotzig verschließen, es kann krank werden, Verhaltensstörungen entwickeln und sobald als möglich weglaufen, aber es bleibt weitgehend Opfer und lange Zeit den guten wie den schlechten Beziehungsangeboten seiner Eltern ausgeliefert.

Sind die vielfältigen Bedürfnisse, die man als Kind hat, im weitesten Sinne ungestillt geblieben, hat man in der Kindheit Ablehnung, Unverständnis, Kränkungen und Gewalt erlebt, dann wird man auch als Erwachsener derartige Erfahrungen in seinen Beziehungen erwarten, befürchten und sogar unbewusst provozieren. Auf diese Weise bleibt man auf das Gegenüber fixiert, denn von dort sollen ja Zuwendung und Bestätigung oder die befürchtete Ablehnung kommen. Die Fähigkeit, sich selbst und den anderen realitätsgerecht wahrzunehmen, sich eine eigene Meinung zu bilden und die des anderen zu respektieren und von sich aus zu wissen, wer oder was für einen gut und richtig ist, ist in diesem Fall stark beeinträchtigt. Klare Aussagen zu machen fällt dann unendlich schwer. Stattdessen werden Fragen gestellt. Man redet dann nicht von sich, sondern über etwas oder jemanden. Die eigenen Mitteilungen entspringen vorwiegend nur aus einer auf das Gegenüber gerichteten unbewussten Motivation. Man möchte entweder gesehen werden, gefallen und bestätigt werden oder im Gegenteil Streit provozieren und Ablehnung erfahren, um schließlich den Beziehungspartner beschuldigen und bekämpfen zu können.

Dass es das eigene Verhalten sein könnte, das die negativen Reaktionen gegen die eigene Person provoziert, bleibt den meisten Menschen, die auf diese Weise ihre Frühstörungen ausagieren, unverständlich. Wer hingegen begreift, dass das unbewusste Bemühen um Kränkung, Ablehnung und sonstige schlechte Behandlung einen ganz wichtigen Dienst erfüllt, nämlich sich durch aktuelle Verletzungen vor der Erinnerung an frühe seelische Beschädigungen zu schützen, der kann endlich auch lernen, den Wiederholungszwang aufzugeben. Dann erst lässt sich erleben, dass die gegenwärtige Not immer das kleinere Übel ist, das man vorgezogen und sich erhalten hat, um nicht die frühe Not, die zumeist existenzielle Bedrohung bedeutete, wieder spüren zu müssen.

Jede Feindseligkeit ist ein Symptom früher Bedrohung und jede Verliebtheit ein Ausdruck früher Bedürftigkeit. Der reife Erwachsene braucht den anderen weder, um ihn zu idealisieren, noch, um ihn zu bekämpfen. Er weiß um die eigene Verantwortung für die jeweilige Befindlichkeit. Sein seelischer Stress ist fast immer selbst gemacht – wenn wir von kriminellen Übergriffen und schweren sozialen Ungerechtigkeiten an dieser Stelle einmal absehen.

Die stark erregenden Gefühle und heftigen Affekte kommen stets aus der seelischen Tiefe – sie werden durch aktuelle Ereignisse bloß reaktiviert (getriggert, wie wir Psychotherapeuten sagen), aber nicht wirklich verursacht. So kann ein Beziehungspartner zwar bestimmte Gefühle in mir auslösen, er kann bestimmte Stimmungen unterstützen, erleichtern oder auch erschweren und belasten – aber er hat keine wirkliche Macht über mein Befinden. Wenn mir etwas nicht gefällt, kann ich mich abgrenzen oder den Kontakt abbrechen oder auch Menschen und Situationen suchen, die mir gefallen und guttun – immer aber entscheide ich selbst darüber, welchem Einfluss ich mich aussetze bzw. was ich meide und nicht an mich heranlasse. Selbst wenn ich mich einer Situation nicht ohne Konflikt entziehen kann, bleibe ich in der inneren Freiheit, etwas so oder so zu erleben, mich gekränkt zu fühlen und aufzuregen oder nicht. An einem Partner, der mich wirklich kränken will, kann ich die Not erkennen, aus der heraus er derart abwehrend handelt. Einen strengen Polizisten kann ich mir als ängstlichen Menschen gegenüber seinen Vorgesetzten vorstellen, bei einem sexistisch agierenden Chef fällt es sicher nicht schwer, sich seine Potenzschwäche auszumalen. Ich kann aber auch in einem lästigen Bettler die verletzte Würde wiederentdecken und in einem Lob den Manipulationsversuch erkennen. So wird verständlich, dass bei allen Klagen über die Verhältnisse oder bei den Beschimpfungen eines anderen Menschen die kritisierten Eigenschaften vor allem dazu dienen, die eigenen Schwächen und Fehler äußeren Verursachern zuzuschieben.

Aber auch das Ansehen, die Bewunderung und Verehrung, die einem Künstler, einem Politiker oder einem Führer zuteil werden, basieren weniger auf deren wirklichen Fähigkeiten als auf der frühen Sehnsucht nach einer guten, verehrungswürdigen Autorität. Die ungestillte Sehnsucht macht den Freund groß, so wie angesichts von früheren Verletzungen eine harmlose Kränkung rasch zum Ausbruch von Hass führt. Die großartigen Eigenschaften, die man einem Helden zuspricht, stimmen in aller Regel ebenso wenig wie das Böse, das man im Feind zu erkennen glaubt.

Wie sehr man sich durch das Verhalten anderer beeinflussen lässt und welche Macht man ihnen verleiht, hängt von der eigenen Bedürftigkeit und den unverarbeiteten belastenden Erfahrungen ab. Besteht ein großer seelischer Mangel, können schon harmlose Enttäuschungen zu tiefen Kränkungen werden, wohingegen bei gutem Selbstwertgefühl auch schwerste Beleidigungen lässig von einem abgleiten können.

Wohl wird die Art und Weise, wie ich mich fühle, stark von den frühen, prägenden Erfahrungen beeinflusst, aber als Erwachsener unterliegt das Befinden der eigenen Regie und Verantwortung. Gefühle kann mir letztlich keiner diktieren; andere können es mir zwar schwer oder leicht machen, mich so oder so zu fühlen, aber letzten Endes liegt es bei mir selbst, worauf ich reagiere, was ich zulasse oder abwehre, welche Situation ich aufsuche und wen ich an mich heranlasse bzw. wann ich mich fernhalte und wen ich meide.

Natürlich will die Kunst gelernt sein, Gefühle, wo möglich, gut und vollständig auszudrücken oder sie, wo notwendig, auch zurückzuhalten und gut zwischen beiden Varianten zu unterscheiden und zu wählen, und erst recht bleibt es eine wichtige menschliche Aufgabe und Verpflichtung, soziale Verhältnisse herzustellen, in denen wir alle in Würde leben können. Die persönliche Verantwortung für das eigene Befinden kann nicht delegiert werden. «Beziehungskultur» ist so Herausforderung wie auch Chance, reife Beziehungsformen zu lernen, die möglichst übertragungsarm sind und den anderen nicht für die eigenen Probleme in Haftung nehmen. Wollte man dafür ein «Programm» erstellen, so müsste es die folgenden Lernschritte umfassen:

1. Erkenne deine Frühstörungsanteile, aus denen Übertragungen und Projektionen erwachsen. Motto: Ich selbst bin das Problem und schultere es auch!
2. Lerne die frühen Defizite, Kränkungen und Verletzungen, so gut es geht, emotional zu verarbeiten. Motto: Fühlen statt agieren bzw. fühlen, um nicht zu übertragen.
3. Lerne Verhaltensweisen, die unter allen Bedingungen helfen, die Würde zu wahren und Eskalationen zu vermeiden oder zu erschweren. Motto: Ich kann mich verhalten und verändern, ich muss nicht den anderen und kann nicht die Welt verändern.

Die Erkenntnis seiner selbst, das Freisetzen der eigenen Möglichkeiten gemeinsam mit dem Anerkennen der Begrenzungen bleibt eine lebenslange Aufgabe, die Entwicklung, Freiheit und Frieden sichern hilft.

1. Ich bin das Problem

Diese selbstkritische Einstellung ist die wichtigste Grundlage für «Beziehungskultur». Erst wenn man davon ablassen kann, die Fehler des anderen zu denunzieren oder zu bekämpfen, und erst, wenn man akzeptiert, dass man zwar nicht die Verhältnisse, wohl aber sich selbst ändern kann, wird man beziehungsfähig.

Ich weiß, dass an dieser Stelle viele aufschreien und tausend Beweise dafür vorbringen werden, wie andere doch so böse und die Verhältnisse so schlecht seien. Meistens haben sie damit auch recht und befinden sich dennoch auf dem «Kriegspfad» gegen die Selbsterkenntnis. Da es keinen Menschen gibt, der nicht auch böse wäre, und keine äußeren Verhältnisse, die nicht auch verbesserungswürdig wären, wird man mit einer moralischen und juristischen Position immer recht behalten und doch am eigentlichen Problem vorbeizielen. Das Unrecht «da draußen» dient der Selbstbeschönigung, die bei den anderen denunzierten Fehler und Schwächen verbergen den eigenen Schatten. So braucht jeder sein «Schwein». Man kann die Weltgeschichte auch aus dieser Position begreifen. Die nie zum Stillstand kommende Produktion von Feindbildern bedient sich stets im Arsenal der Projektionen. Solange kritische Selbsterkenntnis nicht als oberste ethische Maxime gilt, werden Streit, Gewalt und Krieg unser Leben belasten. Die eigene seelische Verletzung wird so lange in Beziehungskämpfen und kriegerischen Auseinandersetzungen reinszeniert und ausagiert, solange sie nicht erkannt und gefühlt wird. Wer sein eigenes Leid nicht wahrhaben und fühlen will, der wird anderen Leid antun (müssen!).

Die Anstrengungen, die Menschen zu erziehen oder zu therapieren und die Verhältnisse, in denen sie leben, zu reformieren oder zu revolutionieren, bleiben ohne selbstkritische Perspektive zum Scheitern verurteilt und werden alsbald wieder zur Restauration der alten Ungerechtigkeiten, Erkrankungen und Projektionen führen, die nun lediglich im neuen Gewand auftreten. Die einzige Alternative dazu ist das Ringen um Selbsterkenntnis und Selbstveränderung. Der Trost, der dabei bleibt, der aber auch nicht zu gering geschätzt werden sollte, ist die Gewissheit, dass jede Selbstveränderung auch «die Welt» verändert. Jeder ist ein Teil dieser Welt – ihr ausgeliefert und sie gestaltend –, jeder wird beeinflusst und beeinflusst seinerseits wieder seine Umwelt. In diesem Wechselspiel sind Abhängigkeit und Freiheit, Würde und Versagen miteinander verbunden. Jeder Versuch, nur das eine haben und das andere vermeiden zu wollen, muss kläglich, meistens aber mit destruktiven Folgen scheitern.

Jeder Mensch hat mit sich selbst genug zu tun. Jeder hat seine Lebenskurve zu finden und zu gestalten. Zu jeder Zeit muss er das Ensemble angeborener, erworbener, dynamischer und situativer Gegebenheiten auf innere und äußere Faktoren abstimmen, diese untereinander abgleichen und womöglich zu seinem Nutzen steuern. Wer sich darauf konzentriert, wird Zufriedenheit erfahren und darf in der Gewissheit leben, damit auch für andere und die sozialen Verhältnisse sein Bestmögliches zu geben. Über sich selbst Klarheit zu erlangen und sich dementsprechend klar zu verhalten ist die Voraussetzung dafür, auch anderen Menschen bei der Klärung ihrer Verhältnisse helfen zu können. Allerdings weiß ich sehr wohl, dass das vorherrschende Sozialverhalten bis hinauf zum politischen Handeln dem vollständig zuwiderläuft. Der Kampf um Meinungshoheit und Macht dient nicht zuletzt dazu, sich der eigenen, ganz persönlichen Wahrheit nicht stellen zu müssen. Jede Handlung und Entscheidung – mögen sie noch so sachlich begründet sein – haben immer auch eine höchst subjektive Quelle, eine ganz individuelle – zumeist unbewusste – Motivation.

Es würde unsere Welt sofort umfassend verändern, wenn sich jeder Entscheidungsträger über die ganz persönlichen Motive seines Denkens und Handelns Klarheit verschaffte. Wenn der amerikanische Präsident George W. Bush sein Land in den Krieg gegen den Irak führt, so sollte man die eigentlichen Gründe dafür weniger in den offiziellen Verlautbarungen als in sehr persönlichen Motiven des Präsidenten suchen, die mit individueller Bedrohung, Verunsicherung, Minderwertigkeitsgefühlen und Angst zu tun haben müssen. Solange aber eine Mehrheit der Bevölkerung selbst den Weg der Verdrängung und der Verleugnung der inneren Befindlichkeit bevorzugt, wird immer – auch mit demokratischen Mitteln – derjenige an die Macht gewählt, der diese seelischen Abwehrmanöver aus eigener Not am besten beherrscht. Deshalb stimmt die Formel: Jedes Volk hat die Regierung, die es verdient.

«Beziehungskultur» beginnt wesentlich mit dem Eingeständnis und der Suche nach den eigenen Schwächen, Fehlern, Behinderungen und Begrenzungen. Die große Frage, die uns ein Leben lang herausfordert, lautet: «Wer bin ich wirklich?» – und nicht, wie uns suggeriert wird: «Wie soll ich sein?»

Es gibt selten eine eindeutige und niemals eine zeitlos gültige Antwort auf diese Frage. Der Weg dorthin könnte folgendermaßen aussehen:

1. Ich muss mir diese Frage immer aufs Neue stellen: Wer bin ich? Ich kann diese Frage niemals theoretisch, sondern nur im tätigen Handeln beantworten. (Was tue ich wirklich? Was unterlasse ich und warum? Wie verhalte ich mich tatsächlich?)
2. Die Antworten kann ich mir nur selbst geben und nicht von anderen geben lassen.
3. Die Antworten, die ich mir gebe, bedürfen jedoch

stets der kritischen Nachfrage und Überprüfung durch andere Menschen. Dabei muss ich immer auch Gegner oder Andersdenkende einbeziehen.

4. Vor ihrem jeweiligen Hintergrund haben Andersdenkende immer genauso recht wie ich selbst. Völlig objektive Antworten gibt es nicht.
5. Antworten sind immer situative und dynamische, also höchst subjektive Aussagen, die nicht durch Zustimmung richtig oder durch Ablehnung falsch werden. Relevanz erreichen sie lediglich auf der Grundlage subjektiver, mit einem Gefühl der Gewissheit verbundener Wahrnehmung und dadurch, dass seelische Entspannung eintritt.

Die höchsten Hürden auf diesem Weg sind die üblichen Abwehrvorgänge: sich nicht wirklich selbst zu befragen, sich die Antworten von außen suggerieren zu lassen, der eigenen Meinung nur im Kreise von Gesinnungsfreunden oder Abhängigen Ausdruck zu verleihen und die eigene Position mit scheinbar rationalen und wissenschaftlichen Argumenten so zu zementieren, dass kritische Bedenken daran abprallen. Die Mauer des Narzissmus ist härter als Beton.

Bedingung dafür, sich selbst als Problem akzeptieren und Mängel, Fehler, Schwächen, Irrtümer und Behinderungen zugeben zu können, ist ein mitmenschlicher Raum, in dem Verständnis, Empathie und Toleranz herrschen und die bestehenden narzisstischen Verletzungen nicht vermehrt, sondern durch Mitgefühl gemildert werden. In einem solch mütterlichen Raum ist es auch möglich, Gefühlen der Trauer, des Schmerzes, der Empörung oder der Schuld Ausdruck zu verleihen und auf diese

Weise zu einer energetischen Entspannung der früh verursachten Not zu gelangen.

Die häufigsten persönlichen Probleme erwachsen aus frühen Erfahrungen, insbesondere denen, nicht ausreichend geliebt worden zu sein, nie gut genug gewesen zu sein und nicht die Einwilligung gehabt zu haben, sich den eigenen Möglichkeiten und Begrenzungen entsprechend entwickeln zu dürfen. Antworten auf die Frage: «Wer bin ich?» ergeben sich demnach immer vor dem Hintergrund anderer Fragen: «Wie liebenswert bin ich?», «Bin ich es überhaupt?», «Wie gut bin ich?», «Werde ich so akzeptiert, wie ich bin?» Automatisch kommt damit auch die ganze Geschichte der Bewertung der eigenen Person durch andere ins Spiel: Wer hat mich in meinem bisherigen Leben wie und warum bewertet? Im Grunde genommen müsste jeder Erwachsene die Verpflichtung spüren, die frühen Bewertungen durch Eltern, Lehrer, Pastoren oder Therapeuten kritisch zu überprüfen. In der Regel wird er sie dann angemessen revidieren. Dabei sind die kritische Einschätzung der Charaktere, der Motive und Probleme der Menschen, die mich beeinflusst haben, und die Analyse der sozialen Verhältnisse, in denen sie agiert haben, sehr hilfreich. Die ehemaligen Autoritäten müssen auf das normale Maß menschlicher Fehlerhaftigkeit und Beschränktheit reduziert werden.

Und *nur* der kann wirklich zu Toleranz und Liebe finden, der seine eigenen Fehler toleriert und imstande ist, erlittenen Liebesmangel zu betrauern. Wer sich selbst als beeinflusst und belastet begreifen lernt, ist zeit seines Lebens ausreichend und sinnvoll damit beschäftigt, für die eigene Entwicklung und die Entfaltung der eigenen Würde zu sorgen, und braucht sich nicht mehr an anderen schadlos zu halten. Sozialer Frieden beginnt beim Frieden mit sich selbst. Sozialer Streit und Kampf sind stets – ungeachtet aller auch darüber hinaus zutreffenden sachlichen Begründungen – Symptome der Abwehr gegen das Erkennen eigener Verletzungen und eigener Unzulänglichkeiten. Nur der Blick nach innen kann die äußeren Kämpfe entspannen. Das wirksamste Mittel gegen den Krieg ist die heilsame Kapitulation vor den innerseelischen Feinden, die da heißen: Minderwertigkeit, Unsicherheit, Entfremdung und Angst.

2. *Fühlen, um nicht zu «übertragen»*

Auf die zentrale Bedeutung der Gefühle und der Fähigkeit zu fühlen komme ich immer wieder zu sprechen. Wenn wir eine Beziehungskultur erreichen wollen, in der die Beziehungspartner sich nicht nur respektieren, sondern auch Freude aneinander und gegenseitige Bereicherung erfahren, bekommen Gefühle die entscheidende fördernde und regulierende Funktion. Nur auf dem Gefühlsweg findet man wirklich zu sich und lernt, sich besser zu verstehen. Auf andere übertragene Hoffnungen und Erwartungen, aber auch Befürchtungen und Enttäuschungen, für die man andere verantwortlich macht, lassen sich auf diese Weise dorthin zurücknehmen, wo sie allein ihren Ursprung haben: bei sich selbst.

Wir müssen echte Gefühle (Wut, Schmerz, Trauer) von aufgesetzten und angelernten Gefühlsäußerungen (etwa: «Das ist ja geil!», «Ich bin super drauf!», «Ich will Spaß!») zu unterscheiden lernen. Echte Gefühle wirken immer ansteckend und mitreißend und bringen dem Fühlenden zumeist Entlastung und Entspannung. Gefühle haben zwei wesentliche Bedeutungen:

1. eine psychosoziale Bedeutung:
   Mit dem Gefühlsausdruck signalisiert das Kind sein Befinden, es will auf diese Weise gehört und verstanden werden, es sucht mit Hilfe seiner emotionalen Möglichkeiten nach Bestätigung, Beruhigung und Befriedigung. Gefühle sind wesentliche Kommunikationsmittel und in der vorsprachlichen Entwicklungszeit die wichtigsten Ausdrucksmöglichkeiten.
2. eine psychophysiologische Bedeutung:
   Mit dem Gefühlsausdruck wird aber immer auch vorhandene Spannung abgeführt, etwa vermittelt über Bewegungen mit der Entladung von muskulären Anspannungen oder über vertiefte Atmung und stimmliche Entäußerungen. Die Entladung bringt ein lustvolles Entspannungsgefühl; deshalb stellt sich auch nach sehr belastenden Schmerz- und Trauergefühlen eine wohlige Erleichterung ein. In diesem Zusammenhang werden auch die oftmals rätselhaften Orgasmusstörungen verständlich. Bei Angst und Unsicherheit – die Kontraktion bedeuten –, bei Stress und Anspannung mit (in den Muskeln!) aufgestauter Wut und zurückgehaltenem Schmerz kann sich sexuelle Entladung kaum lustvoll ausdehnen, so dass auch das Orgasmusgefühl häufig kläglich bleibt oder gar nicht zustande kommt.

In manchen Fällen, etwa bei schwerster frühkindlicher Bedrohung und Traumatisierung, war es überlebenswichtig, Gefühle gleichsam abzuspalten, mit anderen Worten, nichts mehr zu fühlen; ansonsten wäre der Betreffende am Ausmaß der Affekte zugrunde gegangen. Einem solchen Menschen kann man kaum empfehlen, den Kontakt zu seinen Gefühlen wieder zu suchen. Diese Versuche würden zu bedrohlich ausfallen. Da es im damaligen Erleben des Kindes oftmals um Leben oder Tod ging – zum Beispiel wenn es nicht gewollt war und grundsätzlich abgelehnt wurde – oder es schwer misshandelt worden ist, bekäme die emotionale Wiederbelebung der ursprünglichen Erfahrungen eine existenzielle Bedeutung, die nicht selten nur in Form einer begrenzten Bewusstseinsabschaltung (Dissoziation) oder einer psychotischen Verwirrung als letzter Notbremse abgewehrt werden kann.

Menschen, die abgespalten von ihren Gefühlen leben müssen, fällt es häufig nicht schwer, schlimmste Lebensereignisse ohne große Erschütterung wegzustecken oder ohne wesentliche Skrupel kriminell und destruktiv zu handeln. Ein Heer von Söldnern «züchtet» man am besten, indem man schon die Neugeborenen ihrer Mutter wegnimmt und sie lieblos und hart behandelt.

Um das Risiko gewalttätiger Handlungen gegen sich selbst oder gegen andere zu verhindern, brauchen früh traumatisierte Menschen ein Leben lang unterstützende Begleitung. Sie benötigen Menschen, die stellvertretend für sie fühlen und ihre Handlungen regulieren. Präventive Maßnahmen, die Verbrechen gegen die Würde und die Rechte des Kindes verhindern, sind im Grunde genommen die einzige Möglichkeit, ein so tragisches Lebensschicksal abzuwenden.

Die Normen der Betreuung von Kindern, der Einstellung zu ihnen und des Umganges mit ihnen entscheiden wesentlich über die Entwicklung einer Gesellschaft, da die Erwachsenen die gesellschaftlichen Strukturen nach den prägenden Erfahrungen ihrer Kindheit ausgestalten. Früh verletzte Kinder, die keine Hilfe bekommen, können gar nicht anders, als sich selbst oder anderen wieder Verletzungen zuzufügen. Sozial- und Familienpolitik haben deshalb eine entscheidende Bedeutung für die Zukunft einer Gesellschaft. Spätere Gewalt und Kriegslust entstehen im Kinderzimmer – nicht etwa durch Gewaltspiele, sondern durch die Gewalt elterlicher Lieblosigkeit und seelischer, natürlich auch körperlicher Verletzung.

Für die größere Zahl derjenigen, die durch Mütterlichkeits- und Väterlichkeitsstörungen seelisch belastet und beschädigt sind, bleiben Gefühle jedoch das zentrale Heilmittel. Man kann nichts ungeschehen machen, also auch nichts wirklich wiedergutmachen, man kann nichts nachholen – seelische Verletzungen bleiben «Narben» für immer. Und wenn wir, wie es leider die Regel ist, auf belastende Erfahrungen nicht angemessen mit den damit verbundenen Gefühlen reagieren – weil der Gefühlsausdruck untersagt oder abgewertet und lächerlich gemacht wird oder weil der Verletzte seine Kränkung aus Stolz oder Trotz auf keinen Fall zugeben und zeigen möchte –, dann kommt zur schlechten Behandlung noch der Gefühlsstau mit seinen negativen Folgen hinzu. Wäre uns Menschen der volle, unverstellte Gefühlsausdruck gestattet, könnten wir Schlimmes sehr viel besser verarbeiten und selbst bei großem Stress sehr viel länger gesund bleiben.

Um diesem wertvollen Ziel ein Stück näher zu kommen – anders gesagt, um Beziehungskultur zu ermöglichen und der Liebesfalle zu entkommen –, bräuchten wir sehr viel mehr Kenntnisse über die Funktion von Gefühlen, wir bräuchten eine Kultur des Gefühlsausdrucks.

Das Gegenteil ist leider der Fall: Die Vernunft soll über alles herrschen und bestimmen – ohne dass wir dabei bedenken, dass die Vernunft immer auch emotional beeinflusst und gesteuert wird.

Gefühle sollen kontrolliert und beherrscht werden! Warum eigentlich? Weil sich die meisten Menschen im Gefühlsstau befinden und durch einen echten Gefühlsausdruck an eigene, von ihnen abgewehrte belastende seelische Inhalte erinnert würden. Gefühle werden deshalb als Zeichen der «Schwäche», als «unbeherrscht» diffamiert; ihr Ausdruck ist mit dem Vorwurf belastet, «sich gehen zu lassen». Das Gegenteil aber ist richtig. In Wirklichkeit sind Gefühle ein Zeichen von Stärke, da man mit ihnen auch die Wahrheit über sich zum Ausdruck bringt und durch die erreichte Entspannung viel vernünftiger, gezielter, klarer und effektiver reagieren und handeln kann. Der Gefühlsausdruck ermöglicht Stärke durch Verbesserung der Wahrnehmung, des Denkens und Handelns. Blockierte Gefühle hingegen verbergen unangenehme Wahrheiten, beeinträchtigen auf diese Weise das Denken und behindern das Handeln. Wer aber die längst erlebte Wahrheit zu fühlen wagt, befreit wesentliche Energien für die eigene Lebendigkeit.

Um eine Beziehungskultur zu erreichen, müssten Eltern, Erzieher und Lehrer die Erlaubnis und auch die Kunst vermitteln, den eigenen Gefühlen Ausdruck zu verleihen. Sie müssten sich als Vorkämpfer einer «Gefühlsschule» begreifen.

Eine Gefühlsschule würde die Bedeutung und Funktion von Gefühlen lehren; sie würde die Techniken des Gefühlsausdrucks und der Gefühlskontrolle sowie den sozialen Umgang mit Gefühlen vermitteln. Gefühle brauchen Raum, Zeit und Begleitung. Da man nicht immer und überall emotional loslassen kann, sind spezielle «Gefühlszeiten» erforderlich. Man wird nicht gut in einer Verhandlung losbrüllen oder sich beim Autofahren seinem Schmerz hingeben können. Aber emotionale Entlastung *vor* solchen Situationen fördert mit Sicherheit die Klarheit und Handlungsfähigkeit *in* diesen Situationen. Viele Menschen reagieren auf starke Belastungen mit akuten Symptomen und starker seelischer Verstimmung. Beim genaueren Hinschauen fällt dann auf, dass die Heftigkeit der Reaktion nicht mehr durch den Anlass zu erklären ist. In diesem Fall erinnert das aktuelle Ereignis an alte seelische Verletzungen, die wieder mit aktiviert werden, als wäre eine alte Wunde wieder aufgerissen worden. Die Differenzierung zwischen gegenwärtigen und vergangenen Affekten ist deshalb häufig gar nicht so einfach. In der Psychotherapie ermutigen wir Patienten bei akuten körperlichen Beschwerden, die keine organische Ursache haben, oder bei schweren seelischen Verstimmungen, erst einmal ihre Gefühle wahrzunehmen und, so gut es geht, im geschützten Therapieraum zum Ausdruck zu bringen. Damit lösen sich oft genug schon akute Beschwerden auf, oder es gelingt besser, auf die aktuellen Schwierigkeiten angemessen zu reagieren – weil der mitaktivierte Gefühlsstau abgeführt werden konnte.

In meiner psychotherapeutischen Praxis spielt deshalb der Gefühlsausdruck eine große Rolle. Es gibt Techniken und Methoden, mit deren Hilfe es gelingen kann, einen aktuellen Affekt bis auf seine möglichen frühen Wurzeln zurückzuführen. Auf diese Weise werden Gefühle reaktiviert, die aus frühkindlichen Erfahrungen herrühren und meistens mit besonderer Angst besetzt sind. Hier ist

Ermutigung und Unterstützung durch eine begleitende Person notwendig. Indem sie den Gefühlsausdruck als sinnvoll bejaht und durch sprachlichen Kontakt oder körperliche Berührung unmittelbar für «mütterliche» Zuwendung sorgt, kann der Betroffene die schützende Abwehr gegen belastende Gefühle aufgeben und Entladung erreichen. Der Begleiter ist dann auch der Gesprächspartner, der die Erinnerungen und Erfahrungen, die mit dem Gefühlsausdruck aktiviert werden, versteht und bespricht.

Bereits bekannte Gefühlszustände und verstandene Inhalte, die durch äußere Ereignisse aufs Neue aktiviert werden, lassen sich in der Regel auch allein durcharbeiten. Jede noch nicht erlebte Gefühlstiefe hingegen braucht Beistand und ermutigende Unterstützung. Sie kann nur derjenige vermitteln, der vergleichbare Gefühlszustände aus eigener Erfahrung kennt und sie zuzulassen versteht.

Wir wissen nie genau, wie viel Übertragung in einer konkreten Beziehung reaktiviert wird. Wir sind nie davor gefeit, durch belastende Ereignisse wieder in die Regression auf frühe Erfahrungen zu geraten («ins Frühe zu stürzen») und mit unseren Ängsten, Sehnsüchten und Befürchtungen die heutigen Beziehungspartner ungerechterweise zu belasten. Wenn wir uns aber Raum und Zeit für unsere Gefühle lassen und uns bei Bedarf Unterstützung holen, können wir die möglichen Beziehungsverwicklungen und die eigenen verzerrten Reaktionen schneller erkennen und korrigieren.

3. Ich kann mich nur selbst ändern

Am häufigsten werden Beziehungen durch Wunscherwartungen an den anderen belastet oder vergiftet. Fast jeder Mensch möchte gehört, verstanden, bestätigt und gelobt werden. Diejenigen, die positive Zuwendung fliehen oder vorgeben, sie bräuchten keine Anerkennung, befinden sich in aller Regel in einer pathologischen Reaktion; sie wehren ab, was sie schmerzlich an ein tief reichendes Defizit erinnern könnte.

Lieber hart, verpanzert und verbissen ein liebloses Leben durchkämpfen als durch eine ungeschützte Lücke den verborgenen weichen Kern unerfüllter Sehnsucht berühren zu lassen. So bewegen sich manche Menschen besonders streng und diszipliniert, sie wirken souverän und tough und verbergen gerade unter der vermeintlichen Sicherheit eine tiefe Selbstunsicherheit und Bedürftigkeit.

Der Bestätigungs- und Zuwendungswunsch transportiert immer auch Liebesdefizite der frühen Entwicklung. Was Mutter und Vater nicht gegeben haben, sollen jetzt Freunde, Partner, auch Vorgesetzte, Ärzte, Psychotherapeuten, Seelsorger, ja ganze Institutionen bis hin zum Staat nachholen.

Hinter vielen Beschwerden und Symptomen, die zum Arzt getragen werden, oder in Versorgungswünschen, die sich an den Staat und seine Sozialleistungen richten, verstecken sich unerfüllt gebliebene frühe Zuwendungsbedürfnisse.

Insbesondere die Partnerschaftsbeziehungen sind ein Tummelplatz von Erwartungen an den anderen. Der

Grad der Verliebtheit ist nahezu ein Maßstab für die irrationale Zuwendungssehnsucht, die der Begehrte oder die Ersehnte zu erfüllen scheint und doch niemals und von niemandem mehr erfüllt werden kann. Es ist eine der bittersten Erkenntnisse meiner psychotherapeutischen Arbeit, dass sich frühe Mangelerfahrungen nicht mehr nachträglich ausgleichen lassen. Aus starkem Hunger heraus kann man sich leicht gierig überfressen; die Erinnerung an den quälenden Mangel bleibt hingegen wie eingebrannt und wirkt selbst dann noch unbewusst weiter, wenn später reichliche Sättigungen das frühe Elend üppig überwuchern.

So, wie man Verständnis, Rücksicht und Zuwendung stets von anderen erwartet, so sucht man auch und erst recht im Streitfall die Schuld ausschließlich beim Partner. Er soll Einsicht zeigen und die notwendige Veränderung vollziehen. Schnell findet man beim anderen einen Schwachpunkt oder Fehler, der die Berechtigung für die erwartete Veränderung liefert und der mit dem tatsächlichen Konflikt oft sehr wenig zu tun hat (zum Beispiel wird eine vergessene Bitte, etwas zu erledigen, als prinzipielle Ablehnung, Abwertung oder als Beweis der Lieblosigkeit ausgelegt). Nicht selten werden solche Schwächen bei anderen nicht nur gesucht, sondern geradezu provoziert, um wieder einen Grund zu haben, gekränkt zu sein, Vorwürfe machen zu können und Besserung zu fordern.

Dass der Partner, der Nachbar, der Vorgesetzte, die Verhältnisse, ja die Welt sich ändern müssten, ist eine der hartnäckigsten Fehleinschätzungen und sinnlosesten Erwartungen, die praktisch nie wirklich in Erfüllung gehen. Selbst wenn man glaubt, einen besseren Partner gefunden zu haben, selbst wenn die Verhältnisse sich äußerlich tatsächlich ändern sollten, bleibt das Prinzip der projizierten unerfüllbaren Hoffnungen und Erwartungen bestehen – jedenfalls solange die frühe Bedürftigkeit ungefühlt geblieben ist. Erwartungen an den anderen schützen am sichersten vor dem schmerzvollen Wiedererleben erlittenen Mangels. Keiner sagt doch: «Ich bin bedürftig, schenke mir deine Aufmerksamkeit und Zuwendung, ich will dich dafür auch mit meinen Möglichkeiten belohnen.» Vielmehr heißt es meistens vorwurfsvoll: «Du liebst mich nicht mehr. Du beachtest mich nicht genug. Du könntest mehr an mich denken. Du solltest mehr Rücksicht nehmen. Du bist so egoistisch. Das musst du doch einsehen. Das ist ungerecht von dir ...» Das Spektrum der Vorwurfshaltung reicht von Klage bis Hass. Selbst Menschen, die etwas von diesen Mechanismen verstehen, sind stets wieder schnell dabei, die Fehler und Schwächen der anderen aufzuzählen; denn das fällt immer viel leichter, als den eigenen Mangel zu erinnern und die damit verbundenen Gefühle zu aktivieren.

Keiner hat die Macht, den anderen oder die Welt wirklich zu verändern. Man kann Bedrohung, Manipulation, Suggestion und Gewalt einsetzen, man kann schießen und bomben, aber die dadurch erreichbaren Veränderungen lösen nicht die Bedürftigkeit der Mächtigen und Befehlshaber auf. Man kann Dienste, Abgaben und Bekenntnisse erzwingen, aber keine Liebe. Doch nur darum geht es, auch wenn statt der Liebe Weltmacht, Nobelpreise, Goldmedaillen oder Bewunderung errungen werden. Beifall macht nicht satt, Besitz stillt keine Sehnsucht, käufliche Liebe ermöglicht keine wirkliche Lust. Das verlorene Glück ist durch nichts zu ersetzen.

Sich selbst zu verändern bleibt der einzige Ausweg. Die frei werdende Energie aus den zurückgezogenen Erwartungen lässt sich gut für die eigene Entwicklung einsetzen. Die Selbstveränderung beginnt bei der Einsicht in die eigenen frühen Defizite und die späteren Folgen und Begrenzungen – also damit, Wut, Schmerz und Trauer zu fühlen, statt andere zu beschuldigen und unerfüllbare Forderungen zu stellen.

Soziales Zusammenleben bedarf natürlich der Regeln und Werte, und die Erwartung, dass der andere ein korrektes Verhalten zeigt, ist immer berechtigt. Die schlimmsten Abweichungen von der Norm, zumal wenn anderen Schaden zugefügt wird, müssen nach Gesetzeslage geahndet werden. Aber gerade im strengen moralischen Anspruch und im Ruf nach Strafe liegt die Gefahr, die eigene Verletztheit und Mangelhaftigkeit zu kaschieren.

Werden berechtigte Ansprüche an gesetzestreues Verhalten nicht erfüllt, wird man auch die Polizei rufen und ein Gericht bemühen müssen. Noch wichtiger aber ist es, die eigene Einstellung gegenüber den Abweichlern und Widerspenstigen zu hinterfragen und aus den eigenen Schwächen und Fehlern zu verstehen. Anstelle der Befriedigung von Rachegelüsten kann dann der Gewinn von Einsicht stehen, die einen Freiraum für veränderte Einstellungen schafft. Bei den alltäglichen Streitereien und Vorwürfen, wenn der andere partout nicht so will (oder kann), wie man sich das wünscht, bleibt hingegen nur übrig, das eigene Verhalten zu ändern.

Dazu einige Beispiele:

— Wer darüber klagt, nicht verstanden zu werden, der kann lernen, sich selbst gut zu verstehen, und wer nicht geliebt wird, kann herausfinden, sich selbst zu lieben: Und jemand, der sich mag und versteht, wird immer Freunde haben!
— Wenn keiner zuhört, kann man die eigenen Aussagen überprüfen und verbessern, kann andere Ausdrucksmöglichkeiten entwickeln und andere Zuhörer finden.
— Wird ein sexueller Wunsch nicht erwidert, kann man die Gründe erforschen, Kompromisse vereinbaren, es sich selber machen oder einen interessierten Partner finden.

Selbstveränderung im Dialog:

A: Ich erwarte von dir, dass du pünktlich bist.
B: Nein, das schaffe ich nicht.
A: So geht das nicht, du musst pünktlich sein.
B: Ich will es versuchen, aber ich bin nicht sicher, ob es mir gelingt.
A: Immer dasselbe mit dir, du bleibst unzuverlässig. Das regt mich schon wieder auf, nicht einmal pünktlich kannst du sein.

Streit und Verärgerung sind sicher.

Besser:

A: ebenso
B: ebenso
A: Dann warte ich noch eine Viertelstunde, und dann gehe ich.
A: *beendet das Konfliktspiel, steht zu seinem Wunsch und trägt die Konsequenzen (er geht allein).*

A: Du musst doch verstehen, dass mich das kränkt.

B: Aber warum denn, ich habe doch nichts Schlimmes getan.

A: Ich kann es nicht akzeptieren, dass du mich so abwertest.

B: Das bildest du dir doch nur ein, ich habe nur einen Scherz gemacht.

A: Du willst nichts einsehen. Du redest dich nur raus. Du bist unmöglich.

B: Das lasse ich mir von dir nicht sagen.

A: Du willst schon lange nicht mehr wissen, was ich fühle. Du bist so rücksichtslos geworden. Das hat bestimmt mit deinen neuen Freunden zu tun …

Enttäuschung, Kränkung und Streit sind unweigerlich die Folgen.

Besser:

A: ebenso

B: ebenso

A: Okay, wir können uns darüber nicht verständigen. Mich kränkt das, damit beende ich das Gespräch.

Oder:

A: Mich kränkt das jedenfalls, ich will herausfinden, weshalb das so bei mir ist, und kann vielleicht mehr Toleranz zeigen.

Der Streit wird beendet, und über die Kränkung wird reflektiert.

Einsicht in die eigene Bedürftigkeit sowie die fühlende Verarbeitung der erlittenen Defizite und Verletzungen bilden die Voraussetzung für die persönliche Veränderung. Jeder ist dann selbst dazu aufgefordert, Einsicht zu zeigen, Kompromisse vorzuschlagen, Entscheidungen zu treffen und die sich daraus ergebenden Konsequenzen zu tragen. Sicher kann es dann schneller passieren, dass Beziehungen auseinandergehen und man alleine ist. Aber ich bin sicher, dass dies letztlich besser ist, als sein Leben mit Streit, Quälereien und gegenseitigen Vorwürfen zu verbringen, nur weil man als Kind schlecht behandelt worden ist. Wenn man aufhört, seine frühen Hoffnungen und Enttäuschungen auf Beziehungspartner zu übertragen, ist selbst das Verlassen oder Verlassenwerden kein Weltuntergang mehr. Die Zahl der potenziellen Beziehungspartner ist nahezu unendlich. Einzig Mutter und Vater sind nie wirklich zu ersetzen, und die Folgen ihrer Schwächen und Fehler lassen sich später nicht mehr ungeschehen machen. Will man die negativen Erlebnisse mit ihnen jedoch nicht wahrhaben und lastet sie stattdessen den jetzigen Beziehungspartnern oder Verhältnissen an, so verurteilt man sich dazu, die belastenden Erfahrungen mit den Eltern immer aufs Neue zu wiederholen. Dann kommt zu dem unverschuldeten Drama der Vergangenheit auch noch die selbstverschuldete Tragödie der Gegenwart hinzu. Nur wer sich selbst durch Einsicht, Fühlen und *im* Verhalten verändert, steigt aus dem Wiederholungszwang aus und trägt den ihm möglichen Teil zur Weltveränderung bei.

VI. DIE GRUNDLAGEN EINER BEZIEHUNGSKULTUR

Die Reife von Beziehungen und damit ihre Qualität wird im Wesentlichen davon bestimmt, wie gut die Beziehungspartner ihre frühen Beziehungserfahrungen von den gegenwärtigen Beziehungen unterscheiden können. Wie gut können sie sich über die gegenwärtige Realität verständigen, oder wie stark werden Wahrnehmung und Einschätzung durch Ängste und Wünsche beeinflusst und dadurch verzerrt?

Mit den beziehungsdynamischen Vorgängen der Übertragung und Gegenübertragung hat uns die Psychoanalyse wesentliche Erkenntnisse zur Verfügung gestellt, um Kommunikationskonflikte besser verstehen zu können. Auf dem Weg der «Übertragung» werden unbewusste Wünsche und Erwartungen, die aus frühkindlichen Erfahrungen resultieren, in aktuellen Beziehungen wiederbelebt, ohne dass die Herkunft einer solchen innerseelischen Verbindung bekannt wäre. Übertragungen verzerren also die Wahrnehmung der Realität. Mit Hilfe von Übertragungen sieht man sich den Beziehungspartner besonders schön und begehrenswert, setzt ungeprüfte Hoffnungen auf ihn und macht ihn zum Objekt der Sehnsucht (positive Übertragung). Ebenso heftig, nun aber verbittert und voller Enttäuschung, Abwertung und Hass aufgrund der uneingelösten Erwartungen wendet man sich dann wieder von ihm ab (negative Übertragung) und hat damit die frühen traurigen Erfahrungen wiederholt, allerdings mit der Gefahr, die Ursache jetzt in der aktuellen – selbstinszenierten – Enttäuschung zu sehen. Übertragungswünsche sind Ausdruck unerfüllt gebliebener Bedürfnisse in der frühen Entwicklung. Es ist nicht möglich, sie nachträglich zu befriedigen. Weil sie aber ehemals keine Erfüllung gefunden haben, liefern sie die Energie für ewige Wiederholungen. Übertragungen sind der häufigste Motor für Kontakt- und Beziehungswünsche. Übertragungen sind die Ursache von Verliebtheit – dem Gegenteil von Liebe. Man verliebt sich in den Menschen, der sich besonders gut für Übertragungen – sprich für die eigenen Wunscherfüllungen – zu eignen scheint; zur Liebe ist man hingegen erst dann fähig, wenn man das Wohl des anderen in den Vordergrund stellen kann. Mit Übertragungen werden Beziehungen manipuliert, belastet und vergiftet. Scheidungen sind meistens die Folge enttäuschter Übertragungen. Scheidungsanwälte übersetzen die unbewussten Übertragungsinhalte gewissermaßen in reale Kränkungen und verwandeln sie nach Möglichkeit in bare Münze.

Gegenübertragung meint die Reaktion auf Übertragungen. So kann sich der Beziehungspartner bei positiver Übertragung großartig, phantastisch und persönlich wertgeschätzt fühlen – Gründe genug, um solche Übertragungen zu suchen und zu provozieren. Viele Politiker, Künstler, Schauspieler und Führungspersönlichkeiten, aber auch Ärzte, Seelsorger und Therapeuten leben davon. Bei negativer Übertragung können die Gegenübertragungsgefühle sehr belastend, ängstigend, bedrohlich und kränkend sein und vor allem als Abwertung erlebt werden. Wenn ein Beziehungspartner alle negativen Affekte abbekommt, die zwar in Bezug auf ihre frühe Entstehungsgeschichte berechtigt sind, aber in diesem Ausmaß nicht mehr zur realen Enttäuschung passen, dann gerät die Beziehung über die Mechanismen der Übertragung und Gegenübertragung in die Krise, und das führt häufig zur Trennung. Je höher die idealisierende Übertragung war, desto heftiger wird in der Regel der durch die Realität ausgelöste Absturz ausfallen, und je größer das aus Gegenübertragungen resultierende Wohlgefühl gewesen ist, desto stärker werden nach der Aufkündigung der Freundschaft oder Liebe Verachtung, Abwertung und Hass das Selbstgefühl belasten.

Übertragungen und Gegenübertragungen finden immer und überall statt. Wenn ein und dasselbe Ereignis aus Gründen der Übertragung sehr unterschiedlich erlebt wird und kein kommunikativer Abgleich erfolgt, sind Missverständnissen, Fehleinschätzungen und Kränkungen Tür und Tor geöffnet. Ganz harmlose Bemerkungen können im anderen tiefe seelische Verletzungen aktivieren, von deren Vorhandensein der Partner nichts weiß. So kann er sich auch die negative Wirkung seiner Äußerung nicht erklären, weil sie für ihn eine ganz andere Bedeutung hat.

Ich greife lediglich einige wenige Beispiele aus einem beinahe unendlichen Spektrum möglicher Beispiele heraus, um das Gesagte zu illustrieren:

1. Beispiel

A: «Sei mal bitte still!» – *um z. B. eine Nachricht im TV besser zu hören.*

B: *fühlt sich angegriffen und abgelehnt, weil ihm als Kind häufig das Wort verboten wurde.*

2. Beispiel

A: «Mir gefällt es hier überhaupt nicht!» – *weil irgendeine Situation, über die nicht gesprochen wurde, ängstigend, verunsichernd, peinlich o. Ä. ist.*

B: *hatte zu dem Treffen eingeladen und glaubt jetzt, seine Wahl sei schlecht, er habe etwas falsch gemacht, und reagiert gekränkt oder fühlt sich schuldig.*

3. Beispiel

A: «Lass mich bitte zufrieden!» – *ist im Stress, überfordert, hat Sorgen, die nicht zur Sprache kommen.*

B: *fürchtet, aufdringlich zu sein, nicht gewollt zu sein oder nicht gemocht zu werden, und zieht sich gekränkt oder grollend zurück oder beginnt einen Streit, ohne verstanden zu haben, dass A nur ein Problem mit sich selbst hat.*

4. Beispiel

A: «Das ist aber ein schönes Bild!»

B: *hat ganz andere Assoziationen bei dem Bild und hält A jetzt für geschmacklos oder für oberflächlich.* Verstimmung ist unvermeidlich, wenn keine Klärung über die Hintergründe der unterschiedlichen Beurteilung erfolgt.

5. Beispiel

A: «Das finde ich aber gut von dir!»

B: *hat mit Angst und Mühe die gelobte Handlung vollbracht, sich aber seine Probleme nicht anmerken lassen und erlebt das Lob nun wie Hohn.*

Aus den Beispielen geht hervor, dass uns Unterschiede im Wahrnehmen und Verstehen auf Schritt und Tritt begegnen und unvermeidlich sind. Sie können eine Quelle ständiger Verstimmungen, Verärgerungen und kränkender Missverständnisse sein. Jede Äußerung eines Menschen hat eine individuelle Geschichte und auch unbewusste Motive, mit der Folge, dass ihre spezifische Bedeutung für einen anderen nicht unmittelbar verständlich ist. Zugleich wissen wir, dass jeder Mensch immer nur das wahrnimmt, was er wahrnehmen möchte, verstehen kann und zu akzeptieren bereit ist. Das Unangenehme oder Fremde – etwa Bemerkungen, die eigene Schwächen berühren – wird überhört, ausgeblendet oder anders interpretiert als gemeint. Kommunikation ist und bleibt stets ein höchst subjektiver Vorgang ohne die Garantie, dass ein Satz auch so aufgenommen und verstanden wird, wie er gemeint bzw. gesagt wurde. Jedes Wort kann unterschiedliche Erinnerungen und Assoziationen auslösen.

Um wirklich miteinander zu kommunizieren, muss man diese Unterschiedlichkeit respektieren, und es muss darüber hinaus das beiderseitige Bemühen vorliegen, die Bedeutung des Gesagten möglichst aus der Sicht des Sprechers verstehen zu wollen. Das gelingt nur, wenn den jeweiligen Partnern die eigenen Empfindlichkeiten und erlittenen Kränkungen halbwegs bewusst sind und sie die Begrenztheit ihrer Erfahrungen akzeptieren. Das lässt sich nicht ohne Übung und manchmal auch nicht ohne Therapie erreichen.

Die Grundlagen für eine «Beziehungskultur» lassen sich in einzelne Aufgaben und Übungen unterteilen:

1. Beziehung zu sich selbst

Das christliche Gebot «Liebe deinen Nächsten wie dich selbst!» bietet eine hervorragende Orientierung für denjenigen, der sich selbst lieben kann. Indessen gibt es nur wenige Menschen, die ohne Scham und ohne aufgesetztes Gehabe von sich sagen könnten, dass sie wirklich okay und liebenswert seien. So schrumpft das christliche Liebesgebot häufig zu einem krampfhaften Bemühen um andere Menschen, das diesen dann auch nicht wirklich helfen kann, vielmehr oft als belästigend erlebt wird und Verpflichtungsgefühle und falsche Dankbarkeit provoziert. Nicht zuletzt laugt es auch den Helfer selbst aus, weil er nicht aus dem Vollen schöpfen kann, sondern ein Gebot befolgt, ein Gutmensch sein will, in der Regel, um auf diese Weise die eigene Mangelsituation zu verbergen.

Jeder Leser mag sich den Satz «Ich bin gut» auf der Zunge zergehen lassen und ausprobieren, was die Worte in ihm auslösen. Selbstliebe ist naturgegeben, sie dient dem Leben, der Arterhaltung und Fortpflanzung. Aber häufig wird die selbstverständliche Liebe zu sich selbst durch verletzende Entwicklungseinflüsse beschädigt. Die individuellen Erfahrungen mit Mütterlichkeit und Väterlichkeit und die sozialen Verhältnisse, in denen Menschen aufwachsen, entscheiden nachhaltig, ob sich die Selbstliebe mit sozialem Gewinn entfalten kann oder mit destruktiven Folgen für den Einzelnen und die Gemeinschaft behindert und eingeschüchtert wird. Die Chancen für eine gute Selbstliebe hängen stark vom Maß der erfahrenen Fremdliebe ab. Menschen, die nicht geliebt worden sind und deren Selbstliebe eingeschüchtert und in Frage gestellt wurde, fehlt die entscheidende Voraussetzung, um andere Menschen mögen zu können. Sie ringen ein Leben lang darum, doch noch etwas Liebe und Selbstbestätigung zu erhaschen. Nicht selten überfordern und erschöpfen sie sich in ihrem Bemühen um Anerkennung und erreichen doch nie ihr Ziel, weil sich das frühe Liebesdefizit eben nicht nachträglich auffüllen lässt.

Besonders tragisch ist es, wenn liebeshungrige Menschen Eltern werden und die Kompensation des erlittenen Liebesdefizits dann von ihren Kindern erwarten. Natürlich werden die Kinder die ihnen mögliche Liebe bereitwillig zur Verfügung stellen; denn zu lieben ist ein Grundbedürfnis, und für ihr Überleben brauchen sie auch die liebevolle Zuneigung ihrer Bezugspersonen, die sie durch eigene Liebesangebote befördern wollen. Ohne Gegenliebe von den Eltern aber werden sie allmählich ausgesaugt. Dies ist die häufigste Form des Missbrauchs, denen Kinder ausgesetzt sind.

So finden wir unter den Erwachsenen sehr viele Menschen, die starke Zweifel haben, ob sie (egoistisch) berechtigt und liebenswert seien. Sie trauen sich wenig zu, befürchten häufig, Fehler zu machen oder zu versagen, wagen keine eigenen Positionen zu vertreten, zögern beim Zugreifen, stellen ihre Möglichkeiten in Frage und werten eigene Erfolge ab. Unsicherheiten, Hemmungen, Skrupel und Minderwertigkeitsgefühle beherrschen ihre Selbsteinschätzung. Dadurch wird das soziale Leben als angstmachend, belastend und bedrohlich erlebt. Wer sich nichts zutraut, wird in zwischenmenschlichen Beziehungen schnell zum Hemmschuh, und auch die «Helfer» werden häufig in den depressiv-resignativen Sumpf des

Lamentierens und des Lebensverdrusses mit hinabgezogen.

Um im Sinne einer «Beziehungskultur» beziehungsfähig zu werden, ist Einsicht in das erlittene Liebesdefizit und die eingeschüchterte oder beraubte Liebesfähigkeit die wichtigste Voraussetzung. Das Ziel muss und kann nur darin liegen, die verzerrten Einschätzungen aufgrund der ungestillten Frühbedürftigkeit von der gegenwärtigen Realität unterscheiden zu lernen. Frühe Not schleppt aufgestaute Erwartungen, Ansprüche und irreal gewordene Hoffnungen mit sich, aber sie führt auch zu Misstrauen, Abwertungen, Ablehnungen und Enttäuschungen, die von der Realität so nicht gedeckt sind. Die frühen Erfahrungen werden auf die jetzigen Verhältnisse übertragen. So belasten die frühen Liebesstörungen die späteren Liebeschancen. Bei demjenigen, der im Bann des frühen Defizits lebt, schlagen die heimlichen Ansprüche schnell in Unverschämtheiten um, auch und gerade wenn die betreffende Person gewöhnlich besonders bescheiden auftritt. Die unvermeidlichen Enttäuschungen werden in schmerzhaften Verletzungen abreagiert. Die Verliebtheit endet im Hass, die Verehrung rächt sich in Abwertung, und die Gefolgschaft wird zur Feindschaft.

Es gibt Hinweise darauf, bei wem frühe Defizite mit der Gefahr der Übertragung und der Verzerrung der Realitätswahrnehmung vorliegen. Zu den möglicherweise Betroffenen zählt etwa

- wer nicht selbstverständlich feststellen kann, dass er bzw. sie gut und liebenswert sei;
- wer Verständnis erwartet, statt zu verstehen;
- wer stets Fragen stellt, statt Aussagen zu machen;

— wer andere für schuldig befindet, statt die eigene Verantwortung zu erkennen;
— wer geliebt sein möchte, statt zu lieben;
— wer andere abwertet, statt die eigenen Schwächen zu erkennen;
— wer andere verehrt, statt sich selbst zu loben;
— wer Feindbilder braucht, um das Böse in sich selbst nicht zu erkennen;
— wer Erwartungen hegt, statt zu handeln;
— wer sich abhängig macht, statt selbst zu entscheiden.

Hinweise auf Frühstörungen geben auch Ungleichgewichtsverhältnisse – wenn eine Aktivität auf Kosten der sie ergänzenden anderen stark im Vordergrund steht, etwa bei dem,
— der redet, um nicht zu hören;
— der agiert, um nicht zu fühlen;
— der sich ablenkt und zudröhnt, um nicht wahrzunehmen;
— der sich vor allem von äußeren Signalen und Reizen leiten lässt statt von seiner «inneren Stimme»;
— der auf Sieg und Kampf setzt statt auf Gemeinschaft und Verbundenheit.

An andere gerichtete hohe Erwartungen, die Hoffnung auf Führung, die geschürte Angst vor Feinden, die Verehrung von «Stars» und die Verachtung Andersdenkender oder Fremder sind wesentliche Merkmale einer Störung der Beziehung zu sich selbst infolge eines frühen Liebesmangels.

Ein großer Teil unserer Kultur basiert auf Verehrung und Erlösungshoffnung gegenüber hervorgehobenen Menschen, auf Erwartungen an die jeweilige Obrigkeit, auf Liebe durch den Partner, auf unberechtigten Optimismus für die Zukunft, auf Projektion der Schuld auf Sündenböcke und Delegation der Verantwortung. Wir wählen die Politiker, die Freunde und den Partner, von denen eine gewisse Verheißung ausgeht, die aber keineswegs dazu in der Lage sind, die vorhandenen Sehnsüchte auch wirklich zu erfüllen. Sie gestatten das «Spiel» von Hoffnung und Enttäuschung, die ewige Wiederholung realer Ernüchterung, ohne an das eigentliche Liebesdefizit zu erinnern. Das betrifft sogar unsere politische Wahl. Den meisten Menschen ist jener Politiker lieber, der die Phrasen des gescheiterten Vorgängers aufs Neue drischt, sie höchstens in Nuancen abwandelt, statt die Politiker mit dem Mut zu notwendigen Veränderungen zu belohnen. Sie heiraten auch lieber dreimal hintereinander einen Menschen, der zwar äußerlich ganz anders sein mag, aber in der Tiefe wieder dieselben Übertragungen ermöglicht und sich für Sehnsucht und Enttäuschung gleichermaßen eignet, statt sich auf eine Partnerschaft einzulassen, die begrenzte Zuneigung ermöglichen und Verschiedenheit respektieren würde, was der Realität wesentlich näher käme.

Das Wissen um die eigenen Frühstörungsanteile und die Akzeptanz ihrer Unheilbarkeit sind die wichtigsten Voraussetzungen, um trotz aller Destruktivität, Bedürftigkeit und Abhängigkeit Kompetenz für eine Beziehungskultur zu erreichen, die ein befriedigendes Auskommen mit sich selbst und ein gutes soziales Zusammenleben sichern kann.

2. *Beziehung durch authentische Mitteilung*

Es ist eine besondere Gnade unseres Seelenlebens, dass lebensgeschichtlich frühe und das weitere Leben prägende seelische Verletzungen, Kränkungen und Mangelerfahrungen verdrängt, verleugnet und abgespalten werden können.

Das heißt, wir wissen davon – Gott sei Dank – nichts mehr. Wir haben überlebt und uns vielleicht sogar Reste von Lebensglück erhalten, indem wir unsere Wahrnehmung eingeschränkt, die Erinnerung blockiert und unser Bewusstsein begrenzt haben.

Wir engen uns also ein, um die Erinnerung an schlimmste Erfahrungen zu verhindern. Wir leben dann wie mit Scheuklappen, filtern unsere Wahrnehmungen und lassen nur das zu, was wir verkraften können. Wir meiden Situationen oder Kontakte, die uns in irgendeiner Weise an die verborgenen seelischen Verletzungen erinnern könnten. (Ich benutze die Wir-Form, um deutlich zu machen, dass fast jeder davon betroffen ist, allerdings mit großen Unterschieden hinsichtlich des jeweiligen Ausmaßes.) So werden auch Lebensformen verständlich, die von anderen als scheu, verschlossen, eigenbrötlerisch, komisch, unverständlich, lästig, exaltiert usw. erlebt werden.

Weder derjenige, der sich irgendwie anders verhält als allgemein erwartet, noch die von seinem Verhalten betroffenen Beziehungspartner wissen in der Regel etwas von den tiefenpsychologischen Vorgängen, die das besondere Verhalten zum Schutz der verwundeten Seele bedingen. Für ein kleines Kind können schon ablehnende und abwertende Gesten oder kurze Zeitspannen, in denen es sich selbst überlassen bleibt und sich verlassen fühlt, bedrohliche Erfahrungen sein; denn der Säugling ist auf unmittelbare Reaktionen angewiesen, er ist noch nicht in der Lage, unangenehme Erfahrungen durch Wissen, Verstehen und Einsicht zu relativieren.

Der mit einem Frühstörungsschicksal belastete Mensch lebt stark entfremdet von seiner seelischen Wahrheit, er lebt in wechselnden Masken und Rollen, mit sozialer Fassade, strukturlos und chaotisch oder mit rigiden Ansichten, zwanghaften Verhaltensweisen auf Kosten von Toleranz, Empathie, Flexibilität und Emotionalität. Andere Meinungen, Mitgefühl, soziale Veränderungen oder der Ausdruck von Gefühlen verunsichern die eigene Abwehrhaltung und müssen deshalb gemieden oder bekämpft werden. Dies führt in der Konsequenz zu sozialem Rückzug oder in Machtpositionen, die es erlauben, der Konfrontation mit Andersartigkeit aus dem Weg zu gehen. Vereinsamung, Krankheit oder destruktives Ausagieren sind die beinahe unvermeidlichen Folgen. Im Krankwerden liegt dabei die beste Chance, die Störungen und Belastungen der Entwicklungsgeschichte zu verstehen, vorausgesetzt, ein Arzt reduziert die Erkenntnischance nicht durch eine einfache Diagnose und die bloße Verordnung von Medikamenten. Denn die therapeutische Situation könnte dabei helfen, die Entfremdung zu erkennen und ihr Ausmaß zu verringern – wenn der Arzt Zeit und Raum zur Verfügung stellen würde, um zu reflektieren, Zusammenhänge zu erkennen und Einflüsse zu verstehen; wenn er eine «mütterliche» Beziehung zum Kranken herstellte, in der sich ungestillte Bedürfnisse und Sehnsüchte aus früher Kindheit wieder zeigen und seelische Verletzungen sich endlich in einer Atmosphäre der Akzeptanz emotional entladen könnten. Ein solches Vorgehen würde jedoch eine grundlegende Veränderung der Zielvorgaben im Gesundheitssystem bedeuten: nicht mehr so schnell wie möglich Symptome wegzutherapieren, sondern ihre Botschaft entschlüsseln zu helfen und dabei Wut, Hass, Schmerz und Trauer mit auszuhalten, statt durch falschen Trost und schnellste Linderung der belastenden Erkenntnis von Fehlentwicklungen aus dem Weg zu gehen.

Ich halte das Bemühen, Entfremdung und Verdrängung zu überwinden, für die wichtigste Voraussetzung, um eine Beziehungskultur zu gestalten und von ihr zu profitieren. Es gibt keine größere Befriedigung, als sich frei und unverstellt zeigen zu können und zu dürfen. Das reicht vom Blickkontakt bis zur orgiastischen Entladung.

Authentische Mitteilungen und Ausdrucksformen sind immer lustbetont. Wird darauf in gleicher Weise geantwortet, entsteht eine erfüllende und befreiende Kommunikation, durch die grundlegende Inhalte von Identität bestätigt werden: Ich bin berechtigt! Ich bin okay und liebenswert! Ich bin ich! Wer sich hingegen nie authentisch äußern konnte, sondern sich entsprechend der Erwartungen der Eltern und Erzieher verstellen lernen musste, den wird das Bemühen um ehrliche Wahrnehmung und Mitteilung zunächst mit seiner Geschichte der Entfremdung und Einschüchterung konfrontieren.

Die Eltern sind verantwortlich für die Ausbildung der Identität ihrer Kinder. So, wie ein Kind gesehen und behandelt wurde, so sieht und behandelt es sich als Erwachsener später selbst, oft ohne zu wissen, wer und was sie oder ihn so geprägt hat. Durch die Einstellung seiner Eltern erfährt das Kind Antworten auf existenzielle Fragen: Bin ich gewollt? Bin ich geliebt? Darf ich so sein? Sind die Antworten positiv, so bleiben die Kanäle der Expansion – Blick, Sprache, Gestik, Mimik, Körperausdruck, Emotionen, Sex – geöffnet, und der betreffende Mensch bleibt aktiv, kreativ und kommunikativ. Werden die basalen Identitätsfragen hingegen negativ beantwortet, so ist der Mensch kontrahiert, angstvoll und verschlossen – er wird passiv, einfallslos und selbstbezogen.

Expansion zu lehren und zu lernen schafft die wichtigste Grundlage für ein lustvolles Leben. Aber Expansion muss auch erlaubt und erwünscht sein. Das ist heute kaum noch gegeben. Es dominieren Normen, die Anpassung fordern und damit zwangsläufig Kontraktion bewirken. Vor allem der authentische Gefühlsausdruck wird verhindert und abgewertet. Wer brüllt und tobt, «verliert die Beherrschung», auch wenn er ausgesprochen schlecht behandelt worden ist und allen Grund zur Empörung hat. Wer weint, zeigt «Schwäche», obwohl das ausgedrückte Gefühl die einzige wirkliche Entlastung bringt und so wieder «Stärke» ermöglicht. Wer jauchzt und jubiliert oder beim Sex lustvoll stöhnt, fällt meistens unangenehm auf, obwohl der tönende Ausdruck ein wesentliches Vehikel des Lusttransportes ist. So wird auf echte Mitteilungen häufig abwertend reagiert: Man wird ermahnt, belehrt, verhöhnt, beschimpft, verachtet, verlassen, vielleicht sogar geschlagen. Umso mehr greift man dann zur Kompensation des Ausdrucksdefizits auf kitschige und aufgesetzte Gefühle zurück. Die Boulevardpresse lebt davon.

Beziehungskultur lebt hingegen von unverstellter Mitteilung. Der authentische Ausdruck wirkt immer ansteckend. Dies ist der Garant für eine gelingende und befriedigende Kommunikation unter offenen Menschen. Für kontrahierte Menschen allerdings bedeutet diese mitreißende Wirkung eher eine Bedrohung. Sie werden in ihrer Abwehr labilisiert, und das heißt, sie könnten an ihre Geschichte der Bedrohung, des Mangels und der Vergiftung erinnert werden. Deshalb wird echter Ausdruck häufig bekämpft, der gemachte und aufgesetzte, der animierte Ausdruck hingegen gefördert. So verwandelt sich berechtigte Aggression allmählich in Fremdenhass, seelischer Schmerz in körperliche Beschwerden und die Trauer in Depression. Und Lust pervertiert zum «Ich will Spaß».

Um den eigenen Gefühlen unverstellt Ausdruck verleihen zu können, muss der «Gefühlsstau» aus frühen Verletzungen abgetragen werden. Dies setzt fast immer eine Zeit schützender und ermutigender Begleitung und beratender Unterstützung voraus. Diese wichtige Aufgabe könnten schon Eltern übernehmen, und sie müsste auch im Kindergarten und in der Schule wahrgenommen werden.

3. Gelebte Beziehungskultur

Reflektieren

Die Bereitschaft und die Fähigkeit, über sich selbst, über das eigene Leben, die Art und Weise des eigenen Denkens, Handelns und Fühlens immer wieder zu reflektieren und ein tieferes Verständnis dafür zu erreichen, bilden die wichtigste Voraussetzung, um mit anderen Menschen wirklich in Kontakt kommen zu können. Alles Handeln hat auch eine unbewusste Motivation, nichts ist ohne einen Schatten, und objektive Wahrheiten gibt es nicht. Die Einmaligkeit des individuellen Erlebens bedeutet eine nicht auflösbare Belastung für jede Verständigung, sie ist aber auch eine Quelle der Lust an unverwechselbarer Identität.

Allerdings sind wir meistens wenig darin geübt, *ganz persönlich* zu werden; die eigene Befindlichkeit wahrzunehmen und zu reflektieren; nicht über etwas oder über jemand anderen, sondern von sich selbst zu sprechen; das eigene Erleben – von den Körperwahrnehmungen über die Gedanken und Gefühle bis hin zu den Hoffnungen und Befürchtungen – mitzuteilen. Gar nicht selten wird die selbstwahrnehmende Reflexion als «Nabelschau», «Egotrip» oder «Gefühlsduselei» abgetan. Dafür gibt es eine einfache Erklärung: Das ganz Persönliche ist oft auch schmerzlich, traurig, peinlich, beunruhigend – es eröffnet unangenehme Erfahrungen, unterliegt einer Selbstzensur dahingehend, wie man sein möchte und sollte, und lässt soziale Abwertung und Ablehnung befürchten. In einer Konkurrenzwelt zählt nur das «Gute» und «Erfolgreiche», und auch dies nur entsprechend dem momentanen Marktwert auf der Bühne des Zeitgeists – so werden bestimmte Eigenschaften favorisiert, andere dagegen sorgsam ausgeblendet.

Reflexion ist die lebenslange Grundtugend einer Beziehungskultur. Mitunter benötigt sie einen geschützten Raum, eine eigene Zeit und Unterstützung durch wohlwollendes Zuhören, Hinterfragen und Ermutigen.

Manche bittere Erkenntnis wagt ein Mensch nur in Anwesenheit eines anderen, der als Empfänger und «Container», als «Haltgeber» und Zeuge gebraucht wird.

Die Ich-Kultur, das Sprechen von sich selbst, ist nicht zu verwechseln mit einer ichbezogenen Beziehungsabwehr, bei der Einbildungen, Aufblähungen und arrogantes Geschwätz dazu dienen sollen, in der Tiefe vorhandene Unsicherheiten zu verbergen und andere zu blenden, um gerade nicht in ehrlichen Kontakt zu kommen. Der Unterschied zwischen Internalität und narzisstischer Abwehr ist für andere am besten durch Selbstwahrnehmung zu erkennen: Die authentische Mitteilung berührt, die aufgesetzte Selbstdarstellung distanziert und wird in der Regel als unangenehm empfunden, es sei denn, der andere ist ein Ko-Narzisst, der jemanden zur Idealisierung braucht, um sich in dessen Schatten selbst als wichtig zu erleben.

Alle Einübung in Reflexion beginnt mit Wendungen wie «Ich bin …», «Ich erlebe …», «Ich fühle …», «Mir ist …», «Meine Meinung bzw. Erfahrung ist …». Bereits Formulierungen wie «Ich will …», «Ich möchte …», «Ich erwarte …», «Ich glaube …» sind potenzielle Träger versteckter Botschaften, indirekter Vorwürfe und unrealistischer Erwartungen an sich selbst oder andere.

Mitteilungen aus dem seelischen Innenleben sind die Quelle unendlicher Erfahrungen und nie versiegenden Kommunikationsstoffs.

Fühlen

Reflexion bringt unweigerlich gefühlsbetonte bis affektbesetzte Inhalte zur Wahrnehmung. Das regelmäßige Reflektieren fördert immer tiefer reichende Erkenntnis mit Erinnerungen, Einfällen und Assoziationen, die dem reichen eigenen Erfahrungsschatz entstammen. Das eigene Erleben wahrzunehmen, dabei Körperliches und Seelisches im Zusammenhang zu erfahren, darüber hinaus zu lernen, Eigenes und Fremdes zu differenzieren und Gegenwärtiges von Früherem zu unterscheiden, schafft sicherndes Erfahrungswissen und stärkt Selbstsicherheit und Identität. Es ist von hohem beruhigendem und stabilisierendem Wert, immer besser zu wissen, wie man ist, und damit auch, wer man ist. Diese Fähigkeit ist bei vielen Menschen verkümmert, da sie nie geübt wurde und durch «Muttervergiftung» fremd geworden ist. In diesem Fall ist das Gespür dafür, was der andere braucht und wie er sich fühlt, wesentlich stärker ausgebildet als die Eigenwahrnehmung.

Die angesammelten Erinnerungen und Erfahrungen, die durch regelmäßiges Reflektieren immer mehr zur Wahrnehmung drängen, sind stets mit Gefühlen verbunden. Angst kündigt unerlaubte, tabuisierte Gefühlswahrnehmungen an. Sie lässt sich in Wut und Hass angesichts kränkender und unterdrückender Erfahrungen, in Schmerz angesichts mangelnder Befriedigung und in Trauer über Verlorenes und Versäumtes auflösen. Der Gefühlsausdruck hat befreiende, entlastende und klärende Funktion. Durch körperpsychotherapeutische Erkenntnisse wissen wir, dass ein voller Gefühlsausdruck, wenn er nicht unterdrückt und gebremst wird, den ganzen Körper erfasst. So kann seelischer Schmerz etwa mit Weinen beginnen, das sich zum Schluchzen und Beben weiterentwickelt und sich schließlich in ganzkörperlichen Drehungen, Windungen und Zuckungen entlädt. Anfangs sind am Gefühlsausdruck die Augen, dann die Gesichtsmuskulatur, der Kehlkopf, der Brustkorb, das Zwerchfell, das Becken und die Extremitäten beteiligt. Ein voller Gefühlsausdruck dauert nie länger als etwa zwanzig Minuten und unterscheidet sich damit von hysterischen und abwehrenden Gefühlen, die etwas bezwecken wollen, also auf die Umwelt gerichtet sind und nichts mit Selbstwahrnehmung und echtem Selbstausdruck zu tun haben. Echte Gefühle entlasten den Fühlenden und stecken die Anwesenden an; hysterische Gefühle finden oft kein Ende, sind quälend für den Akteur und lästig für die Empfänger. Mit aufgesetzten Gefühlen werden andere bestraft.

Der sicherste Hinweis auf einen echten Gefühlsprozess sind die begrenzte Zeitdauer, die ansteckende Wirkung (vorausgesetzt, man kann sich «anstecken» lassen, weil man selbst Gefühle akzeptiert), die spürbare Entlastung, ja nahezu Heiterkeit, sobald der schmerzliche oder traurige Prozess abgeklungen ist. Fühlen braucht Übung, wie Sprechen und Lesen. «Gefühlskunde» wäre eines der wichtigsten Schulfächer, um Grundlagen für Beziehungskultur schaffen zu helfen.

Menschen, die ihre Gefühle unterdrücken lernen mussten, haben es später schwer, fühlen zu können. Da wir als Menschen aber nicht die Wahl haben, ob wir fühlen wollen oder nicht, sondern alle Situationen und alles Erleben auch emotionale Wirkungen auslösen, gibt es nur die Alternative zwischen Gefühlsausdruck oder Gefühlsunterdrückung. Gefühlsunterdrückung führt zum «Gefühlsstau» mit negativen Auswirkungen auf vegetative Parameter des menschlichen Lebens.

Gefühlsstau bedeutet Stress und führt zu chronischen Muskelanspannungen, zu Kopfschmerz, hohem Blutdruck, Nervosität, Reizbarkeit, Schlafstörungen und einer Vielzahl von weiteren psychovegetativen und psychosomatischen Reizsymptomen, die dafür sorgen, dass das Nichtgefühlte ersatzweise verarbeitet wird.

Mangelnde Gefühlskontrolle kann ebenso zum Problem werden wie Gefühlsunterdrückung. Man kann sich durch einen ungebremsten Gefühlsausdruck in eine gefährliche Situation bringen, indem man sich verletzt, andere bedroht, sich zu unbeherrschten Handlungen mit schwerwiegenden Folgen hinreißen lässt. Das zivilisierte Leben fordert Gefühlsverzicht (aber eben nicht die Unterdrückung von Gefühlen in unbewusste Seelenbereiche). In sozialen Situationen ist ein angemessener, das heißt ein kontrollierter und dosierter Gefühlsausdruck geboten, um nicht unnötige Verletzungen und Kränkungen und damit Streit und Gewalt zu provozieren. Der volle Gefühlsausdruck fordert einen geschützten Raum, in dem man nicht gestört wird und nicht stört, in dem man sich nicht verletzen kann und niemanden verletzt und in dem bei Bedarf auch menschlicher Beistand möglich ist. Jede «verbotene» Gefühlserfahrung ist für ihren Ausdruck an mitmenschlichen Beistand gebunden, an eine Hilfe beim Überschreiten einer neuen Erfahrungsschwelle.

Bereits erfahrene Gefühle können auch allein im geschützten Raum immer wieder entsprechend zugelassen und entladen werden. Da belastende seelische Inhalte nicht ungeschehen zu machen sind und der dazugehörige Gefühlsausdruck eine seelische Verletzung nicht zum Ausheilen, sondern lediglich zur Wahrnehmung und Erkenntnis bringt, wird die erlittene Belastung von Zeit zu Zeit «hochkochen», entweder getriggert durch äußere Ereignisse oder aktiviert durch innere Prozesse. Dann werden auch immer wieder Raum und Zeit für den Gefühlsprozess nötig sein.

Ich habe dafür die Metapher von der «Matte im Rucksack» gefunden. Sie soll deutlich machen, dass man immer eine «Matte» zur Verfügung haben sollte, auf die man sich bei Bedarf legen kann, um sich Zeit für seine Gefühle zu lassen. Das kann einmal am Tag sein oder einmal in der Woche oder in noch größeren Abständen, zwingend wird es aber bei jeder Verstimmung, bei Stress und Symptomen, um die darin aufgestauten Gefühle zu aktivieren und zum Ausdruck zu bringen.

Seit über 30 Jahren sammle ich Erfahrungen mit dem Prozess des Gefühlsausdrucks und bin dabei auf unzählige Widerstände, Abwertungen, Verhöhnungen und Missverständnisse gestoßen. Ich musste erkennen und begreifen, dass in einer Kultur, die von Anfang an Kinder dazu anlernt, sich zu beherrschen und zu kontrollieren, die keine Gefühlslehre und -kunde kennt, die das Emotionale abwertet und unter das Diktat des Rationalen stellt und auf Gefühlsäußerungen mit Ablehnungen reagiert, deren Spektrum von Mitleid bis Einschüchterung reicht – dass in einer solchen «Zivilisation» mit dem «Gefühlsstau» auch Krankheiten und Gewalt entstehen, ja geradezu gezüchtet werden. Wo das Fühlen als wesentliche Grundlage, um zu sich in Beziehung zu kommen und ehrlich kommunizieren zu lernen, nicht entwickelt werden kann, dort hat «Beziehungskultur» kaum eine Chance.

Kommunizieren

Nur wer sich mitteilt, ermöglicht Beziehung.

Wir kommunizieren mittels Sprache und Schrift, mit Mimik und Gestik, durch Körperhaltung und Bewegung, mit Gefühlsausdruck, durch Musik und Gestaltung. Kommunikation dient der Information, der Verständigung, der Bedrohung und Einschüchterung; man will beeindrucken, sich zur Geltung bringen, sich behaupten und durchsetzen, sich anbieten und anbiedern, sich unterwerfen und dirigieren lassen und anderes mehr. Es gibt demnach eine Vielzahl von Signalformen und Motiven des Informationsaustausches. Für eine «Beziehungskultur» sind die authentischen Äußerungen entscheidend, die vor allem aus dem Bedürfnis entstehen, sich so zu zeigen, wie man sich im Augenblick wirklich fühlt, das mitzuteilen, was man gerade denkt und spürt, wahrnimmt und assoziiert. Es geht um eine Entäußerung, nicht um eine Botschaft, hinter der eine Absicht steckt. Durch Ausdruck wird das eigene Leben realisiert, Identität erlebt und Entspannung ermöglicht. Die Kommunikation inneren Erlebens ist ein Wert an sich, eine Entäußerung des Lebendigen. Sie will nicht glänzen, beeindrucken, streiten, kämpfen, recht haben, konkurrieren oder gewinnen, sie verfolgt keine verborgene Absicht oder ein berechenbares Ziel, sie ist die Realisierung des eigenen Lebenswegs. Der Überzeugung, dass der Weg das Ziel sei, antwortet die Erfahrung: Es gibt keinen vorgezeichneten Weg! Nur indem ich mich mitteile, bahne ich mir meine Wege.

Das absichtslose, nur dem eigenen Lebensausdruck verpflichtete Kommunizieren hat jedoch eine enorme beziehungsdynamische Wirkung. Wie jeder echte Ausdruck berührt und ansteckend wirkt, findet auch eine authentische Mitteilung im Gegenüber Resonanz. Allerdings kann gerade diese Wirkung verunsichern und macht all denjenigen Angst, die ihr wahres Empfinden und Erleben unter Verschluss halten müssen. Ihre Entfremdung und Ersatzidentität ist so umfassend, dass eine echte Mitteilung wie eine Bedrohung des Schutzwalls erlebt wird und deshalb abgewiesen, verhöhnt oder gemieden werden muss. Stattdessen verlieren sie sich in Mitteilungen über Externales. Wer solchen Gesprächen lauscht, wird es kaum fassen, was sich über Nichtigkeiten und Banalitäten so wichtigtuerisch und ausführlich erzählen lässt. Die hysterische, um nichts kreisende Kommunikation hat keine andere Absicht, als die innere Leere mit irgendetwas Nebensächlichem zu füllen oder vor gravierenden seelischen Verletzungen in die virtuelle Welt des scheinbar Wichtigen und Schönen zu entkommen. Dann wird Kommunikation zur Sucht und die falsche oder leere Mitteilung zur Droge. Das Surfen und Chatten im Internet will einem wie der materialisierte Ausdruck dieser umfassenden psychosozialen Not erscheinen.

Das internale echte Kommunizieren dagegen spiegelt das lebendige Strömen der eigenen Existenz und bildet im Kontakt zu anderen einen Fluss der Beziehung. Es ermöglicht das so wohltuende und befreiend fließende Gespräch zwischen Menschen, die mit sich im Kontakt sind und dadurch auch authentisch Kontakt zum Gegenüber herstellen.

Der kommunikative Austausch ist Geben und Nehmen und nicht Fragen und Antworten. Es muss nicht einmal ein gemeinsames Thema besprochen werden, die authentischen Inhalte können auch unverbunden nebeneinanderstehen und gehören dennoch zusammen als echte Botschaften von Menschen, die sich begegnen, ohne durch Macht oder Unterwerfung agieren zu wollen. Auch wenn nicht über ein gemeinsames Thema gesprochen wird, entsteht durch *persönliche* Mitteilungen ein emotionales Feld, in dem sich das jeweilige Thema wie von selbst entfalten und entwickeln kann. In Gruppen, deren Mitglieder dazu bereit und fähig sind, vor allem von sich selbst zu sprechen, und nicht mehr in der Diskussion über etwas befangen bleiben, entsteht eine faszinierende und kreative Atmosphäre der Selbstentfaltung mit befreiender Entspannung und gegenseitiger Bereicherung. Unverstellte Mitteilungen über innerseelisches Erleben lassen eine Beziehungskultur entstehen, die einen kampflosen und wertungsfreien Austausch ermöglicht. Sichausdrücken und aufnehmen, empfangen werden und bezeugen dürfen sind grundlegende Existenzerfahrungen; sie beleben das kreative Entwicklungspozential des Einzelnen und ermöglichen eine vertrauensvolle und liebevolle Beziehung zueinander.

Die hohe Kunst der internalen Kommunikation, die ohne Fragen, Belehrungen, Beratungen, Ermahnungen und Bedrohungen auskommt, ist die umfassendste Form der Selbstverwirklichung und die reifste Form von Beziehungskultur. Sie basiert auf der Fähigkeit des Reflektierens und Fühlens. In dem Maße, wie Reflektieren und Fühlen im Kommunizieren ihren lebendigen Ausdruck finden, lässt die damit ermöglichte Beziehungskultur eine lebendige menschliche Gemeinschaft entstehen. Konflikte und Begrenzungen müssen innerhalb dieser Gemeinschaft nicht zu Machtkämpfen führen, sondern lassen sich dadurch akzeptieren und regulieren, dass jeder die eigenen Behinderungen, Schwächen und Begrenzungen emotional verarbeitet und alle gemeinsam im authentischen Kommunizieren Entlastung und Entwicklung erleben.

Die Unsicherheit, zu wissen und zu sagen, was man wirklich möchte, ist so weit verbreitet, dass der Störungshintergrund kaum noch wahrgenommen wird. Die Angst, nicht angenommen und bestätigt oder sogar abgewiesen und verhöhnt zu werden, und die Entscheidungsnot in der Fülle der Möglichkeiten – jede Festlegung bedeutet auch Verzicht auf Alternativen! – verführen nur allzu leicht dazu, Entscheidung und damit Verantwortung delegieren zu wollen. Aus Schutz- und Abwehrgründen werden viel lieber Fragen gestellt oder ausweichende Aussagen gemacht, auf diese Weise aber auch Missverständnisse und Konflikte geradezu provoziert. Viele Menschen drücken sich geradezu vor klaren An- bzw. Aussagen. Sie tragen meist belastende Erfahrungen von Ablehnung, Verhöhnung oder gar Bestrafung für eigene Positionen in sich. Sie haben schon früh lernen müssen, den anderen abzuspüren und abzulauschen, was von ihnen erwartet wird, statt zur eigenen Meinung ermutigt zu werden. Mutters «Glück» und Vaters «Zufriedenheit» hingen davon ab, wie sehr ihre Bedürfnisse durch das Kind befriedigt oder sie zumindest nicht durch die kindlichen Erfahrungen und Wünsche beunruhigt und belästigt wurden. Wollte man die innerseelische Konfliktsituation derart manipulierter Menschen fokussieren, so würde der Konflikt etwa so lauten: «Ich darf keine eigene Meinung haben, weil ich dann belehrt, ermahnt, abgelehnt oder gar verlassen werde.» Damit wird allmählich eine Entfremdung vollzogen, die im Erwachsenenleben gar nicht mehr als fremde Meinung wahrgenommen wird. Das Fremde und Erzwungene wird zum Normalen, das Eigene hingegen bleibt fremd, unerkannt und unentwickelt. Situationen, die eine eigene Position erfordern, ohne auf vorhandene Erfahrungen zurückgreifen zu können, verursachen dann Unsicherheit, Angst und lösen eine Krise der Rat- und Hilflosigkeit aus. Da die eigene Wahrnehmung und Orientierung schwach und blockiert sind, werden dringend fertige Meinungen, starke Führer und kluge Ratgeber gesucht. Ohne schmerzliche Erinnerung an den Prozess der Entfremdung ist es in diesem Fall nicht möglich, eine gute Beziehung zu sich selbst zu finden.

Für eine Beziehungskultur sind klare Ansagen sowohl eine notwendige als auch eine verlässliche Basis. Um die eigene Unsicherheit nicht dem Beziehungspartner zu überantworten und Übertragungen einzuschränken, ist es unerlässlich, um eine eigene Meinung zu ringen – trotz aller Unsicherheit, Einseitigkeit und fehlerhafter Einschätzung, die das im Einzelfall mit sich bringen mag. Erst wenn man, statt eine Frage zu stellen, sich zutraut, eine eigene Aussage zu machen, entsteht eine echte Verhandlungsbasis. Erst wer sich zeigt und mitteilt, schafft die Möglichkeit der Zustimmung, der Auseinandersetzung oder der Ablehnung. Unter dem Aspekt der Beziehungskultur sind Zustimmung und Ablehnung gleichwertig – beide Male werden klare Verhältnisse geschaffen. Freude über Gemeinsamkeiten ist wesentlich besser als eine verlogene Übereinstimmung, die nur aus früher Bedürftigkeit und unerfüllter Sehnsucht zustande gekommen ist, und Bedauern von Divergenzen ist klarer und ungefährlicher als der Kampf um Meinungsdominanz oder die Enttäuschungsaggression bei unvermeidlichen Fehlleistungen und Konflikten nach faulen Kompromissen.

Klare Ansagen beginnen etwa folgendermaßen:
— Ich bin der Meinung …
— Ich will … – besser noch: Ich tue dies oder jenes …
— Ich bitte darum, dass …
Vermeiden sollte man Fragen wie:
— Was wollen wir machen?
— Wollen wir ins Kino gehen?
— Welchen Film willst du sehen?
Jede Antwort darauf beinhaltet das Risiko, die Vorlage für einen Vorwurf, eine Enttäuschung oder auch für falsche Anpassung und die Chronifizierung (Verfestigung) von Abhängigkeit zu liefern.

Besser ist es in jedem Fall, klare Aussagen zu machen:
— Ich möchte gern ins Kino gehen.
— Ich interessiere mich für den Film …
— Ich würde mich freuen, wenn du mitkommst.
— Und wenn du nicht mitkommen willst, dann gehe ich alleine, das wäre schade, ist aber auch okay, weil ich diesen Film unbedingt sehen möchte.

Oder:
— Sag mir bitte, was du willst. Da ich heute sehr gern mit dir zusammen sein möchte, schließe ich mich auch gerne deinem Vorschlag an und gehe halt morgen ins Kino.

Auf diese Weise werden mehrere Inhalte klar kommuniziert: das eigene Interesse, der Wunsch nach Gemeinschaft und das Signal, das Zusammensein höher zu stellen als eine bestimmte Handlung. Auch die Bereitschaft, gegebenenfalls allein zu bleiben, wird übermittelt.

Ein anderes Beispiel:
— Wir hatten schon lange keinen Sex mehr!
— *Oder:* Hast du Lust auf Sex?
Solche Feststellungen und Fragen transportieren einen versteckten Vorwurf und schieben die Verantwortung auf den Partner.

Bei einer klaren Ansage:
— Ich habe Lust auf Sex!
verpflichtet sich der Aussagende hingegen zu Angeboten, zur Aktivität, zur Verführung, oder er erreicht im Fall einer Ablehnung Klarheit darüber, dass der Partner das Bedürfnis nicht teilt. Zugegeben, bei Ablehnung kann die Situation schwierig werden. Aber «Beziehungskultur» meint ja keine Konfliktlosigkeit, sondern die angemessene, würdige Form der Konfliktlösung. Wenn bei so wichtigen Angelegenheiten wie der Abstimmung über sexuelle Bedürfnisse unterschiedliche Meinungen bestehen, wird zur Erhaltung einer guten Beziehung ein klärendes Gespräch unerlässlich. Anders gesagt, im gegebenen Beispiel sind die Partner gewissermaßen dazu verpflichtet, darüber zu reflektieren und Auskunft zu geben, weshalb der eine jetzt Sex will und der andere nicht. Beide sind prinzipiell im Recht mit ihrer Position, und keiner darf dem anderen vorwerfen: «Du willst zu oft!» oder: «Du willst zu selten!» Bedürfnisunterschiede sind völlig normal und von vielen Faktoren und Einflüssen abhängig, aber für die Beziehung ist es wichtig, verständlich zu machen, weshalb der eine so und der andere anders empfindet.

Der Umgang mit der bestehenden Differenz wird natürlich stark von den Gründen der Ablehnung beeinflusst: Fühlt sich der andere unwohl, oder befindet er sich im

Stress und möchte sich deshalb zurzeit nicht auf Sex einlassen? Ober besteht ein sexuelles Angst-, Scham- oder Hingabeproblem? Oder lässt ein ungeklärter Beziehungskonflikt eine gute körperliche Intimität im Moment nicht zu? Noch komplizierter wird es, wenn via Sexualität frühe Sehnsüchte wie die nach Geborgenheit, Anerkennung und narzisstischer Geltung oder sogar Macht und Aggressionen transportiert und ausgelebt werden wollen. Dann spielen schnell Phantasien eine Rolle, die um Benutzen und Benutztwerden, um Abreagieren, Bestrafung, Niedermachen, Kränkung oder Beschämung kreisen.

Nur auf der Basis eines ehrlichen Austauschs der Befindlichkeiten und Motive lässt sich eine Klärung finden. Dann sind auch Kompromisse möglich, etwa dahingehend, dass der eine seine Bedürfnisse zurückstellt oder der andere sich auch ohne Geilheit auf Sex einlässt. Vielleicht geht es auch gar nicht um ein sexuelles, sondern um ein Beziehungsproblem. Viele versteckte Beziehungskonflikte werden in der Schwierigkeit deutlich, die Lust auf Sex miteinander abzustimmen. So kann die Aussage: «Ich habe Lust auf Sex!» auch ein Streitangebot sein, in der Absicht, einen schwelenden Konflikt zu provozieren. Man erwartet dann schon das Nein und «darf» daraufhin gekränkt sein, sich ärgern, traurig werden, Vorwürfe machen, anklagen usw. In diesem Fall wäre die Aussage scheinheilig und verlogen.

Klare Aussagen im reflektierten Beispiel sehen etwa so aus:

A: Ich habe Lust auf Sex!

B: Ja, ich auch!

A *und* B: Schön …

A: Ich habe Lust auf Sex!

B: Nein, jetzt nicht. Ich bin noch zu sehr mit dem Problem … befasst, ich bin jetzt nicht in Stimmung.

A: Schade, okay. Gib mir ein Zeichen.

B: Na klar.

A: Ich habe Lust auf Sex!

B: Du willst immer nur das eine!

A: Ich habe sexuellen Druck.

B: Ich bin nicht dein Entspannungsobjekt.

A: Ich brauche dich, ich möchte dich gerne umstimmen.

B: Was du dir einbildest.

A: Dann muss ich es mir selber machen. *Oder:* Ich kann bis morgen warten. *Oder:* Ich halte das nicht aus. Ich muss dann woanders hingehen. Ich will das jetzt mit dir klären.

B *im letzteren Fall:* Dann kannst du gleich dort bleiben, du Schwein! *Oder:* Wenn du das tust, dann ist es aus!

A: Das ist jetzt ein ernstes Problem für mich. Ich brauche Sex, und ich will mit dir zusammenbleiben. Ich mag dich. Bitte, lass uns das klären. Sag mir, wie wir zusammenkommen können.

B: Das ist wieder so ein Trick von dir, du willst mich nur rumkriegen.

A: *müsste langsam einsehen, dass diese Beziehung keine Chance mehr hat.*

Oder:

B: Ich will, dass du mich mehr beachtest, nicht nur als Sexualobjekt, sondern als ganzen Menschen.

A: *müsste jetzt erkennen, dass ein Beziehungsproblem vorliegt, das über Sexualität ausagiert wird, und sich natürlich auch fragen, wozu ihm/ihr der Partner/die Partnerin dient:* Okay – jetzt verstehe ich deine Ablehnung besser. Lass uns ein klärendes Gespräch über unsere Beziehung führen.

Die Praxis «klarer Ansagen» hat viele Vorteile für eine «Beziehungskultur»:

- Der Einzelne verpflichtet sich, eine eigene Meinung zu finden, zu vertreten und gegebenenfalls in eigener Verantwortung zu modifizieren.
- Der Partner weiß, woran er ist.
- Der Austausch «klarer Ansagen» macht schnell die Übereinstimmung oder Verschiedenheit deutlich.
- Klare Ansagen sind die beste Basis für Verhandlungen und Kompromisse.

«Klare Ansagen» fördern die Autonomie, das Selbstwertgefühl, die Verantwortlichkeit, die Toleranz, die Verhandlungs- und Kompromissfähigkeit. Sie verringern die Gefahr versteckter Übertragungen sowie die Tendenz, dass aus früher Bedürftigkeit irreale Erwartungen *und* Befürchtungen gehegt werden und dann zu missverständlichen Reaktionen führen.

Zuhören

Zuhören will gelernt sein. Schon darauf zu hören, was wirklich gesagt wird, fällt vielen schwer. Wirklich zuzuhören aber mit der Einstellung und dem Bemühen, verstehen zu wollen, was das Gesagte bedeutet, und vor allem auch, welche Befindlichkeit und welche Gefühle, welche untergründige Botschaft und welche Erwartungen damit transportiert werden, diese Fähigkeit besitzen nur sehr wenige. Sie wird nicht gelehrt, und das Risiko bleibt, von dem Gehörten wirklich berührt zu werden. Mitteilungen sind selten eindeutig, und was wirklich gemeint ist, erschließt sich nicht selbstverständlich. Die gleiche Sprache zu sprechen heißt noch lange nicht, auch zu verstehen, was die Aussagen dem Sprechenden bedeuten. Zuhören ist in diesem Sinne Annäherung an ein einfühlendes Verständnis.

Dazu wieder einige Beispiele:

A: Ich mag dich!

Eine so wesentliche Aussage klärt nicht, was wirklich gemeint ist. Der ganze Mensch? Bestimmte Eigenschaften? Ein besonderes Verhalten? Ist diese Aussage ein anerkennendes Lob, eine Liebeserklärung oder eine Verführung zu einer erwünschten, aber nicht eingeforderten Gegenleistung? So bleibt sogar unklar, wer wirklich gemeint ist, der Adressat oder der Absender? Wird wirklich gegeben, oder wird in der Maske der Zuneigung Zuwendung gewünscht?

Der zuhörende B wird zwangsläufig *seine* Interpretation «hören», und so kann sich das jeweilige Verstehen der Situation stark unterscheiden.

A könnte aber beispielsweise auch sagen:

Ich mag dein Lächeln, deine Art, dich zu bewegen.

Oder: Ich finde toll, wie du aussiehst, wie du dich kleidest.

Oder: Ich finde dich erotisch anziehend.

Oder: Ich möchte dir näherkommen.

Oder: Du tust mir gut, du hörst mir zu und achtest meine Meinung.

Jetzt weiß B etwas genauer, was gemeint ist. Die übermittelte Zuneigung betrifft also bestimmte Eigenschaften, und es wird deutlich, dass das «Ich mag dich!» nicht selbstlos gemeint, sondern mit Interessen und Bedürfnissen des Lobenden verbunden ist.

Ein anderes Beispiel:
A: Das ärgert mich aber!
Es bleibt offen, was genau gemeint ist. Und es bleibt völlig unklar, weshalb. Geht es um ein Geschehen, das verständlicherweise ärgerlich ist, also auch andere in vergleichbarer Weise verärgern würde, oder handelt es sich allein um ein Problem des Verärgerten? So könnte der Zuhörende zwischen Schuldgefühl, Empörung, Angst und Unverständnis schwanken.

Das ändert sich sofort, wenn A sagt:

Ich ärgere mich, wenn du zu spät kommst. Warten ist mir sehr unangenehm, ich denke sofort, dass etwas passiert ist.

Oder: Ich denke dann, dass du mich ablehnst.

Jetzt kann B den Ärger des anderen besser verstehen und zur Aufklärung beitragen, etwa dahingehend, dass seine Verspätung gar nicht aus Missachtung resultierte, sondern lediglich aus einer Ambivalenz gegenüber dem abgesprochenen gemeinsamen Vorhaben. Und wenn ihm an der Beziehung liegt, wird er in Zukunft pünktlich sein oder sich per Handy melden, wenn sich eine Verspätung nicht vermeiden lässt.

Möglicherweise wird aber auch deutlich, dass sich hinter der Verspätung tatsächlich eine aggressive Handlung versteckt; dann kann sie zum Anlass genommen werden, endlich über die Beziehungsprobleme zu sprechen.

Die Beispiele zeigen, wie scheinbar klare Aussagen

mehrdeutig sind und reichlich Gelegenheit für Missverständnisse lassen. Zuhören wird deshalb zu einer hohen Kunst, die zu einem Unterrichtsfach in einer Lebensschule gemacht werden sollte. Der Zuhörende ist in besonderer Weise aufgerufen, den Sprechenden zu verstehen und die eigenen Reaktionen auf das Gehörte entsprechend zu kontrollieren. Für eine gute Beziehungskultur sollte der Zuhörer wie ein «Gefäß» sein, das nur aufnimmt und vor allem dem Sprechenden das ehrliche Gefühl vermittelt, empfangen zu werden. Nur dann erfüllt der Zuhörer seine Pflicht und entlastet oder befreit den Sprecher sogar. Wie aber kann man ein solches Gefäß sein oder werden? Wir kennen alle die unangenehmen Gespräche, wenn auf eine Aussage sofort eine belehrende, besserwisserische, ermahnende oder bewertende Antwort kommt, wenn einem das Thema gewissermaßen weggenommen wird oder der andere es wie ein Wellenreiter für seine Selbstdarstellung benutzt.

Zuhörer kann man nur durch eigene Beziehungsarbeit werden – indem man in dem betreffenden Moment frei ist von innerseelischer Not und keinen Druck verspürt, selbst verstanden zu werden, also gewissermaßen selbst Zuhörer braucht. Kein Mensch ist ständig zum Zuhören bereit und geeignet. Man muss sich selbst erst frei gemacht haben, um sich auf andere einzulassen. Es kommt die Aufgabe hinzu, die eigene Meinung und Einstellung ständig zu erforschen, um zu verstehen, weshalb man so und nicht anders denkt und fühlt. Alles Wahrnehmen und Verstehen bleibt subjektiv, es ist zu hinterfragen und interpretationsbedürftig. Nur so wird verständlich, dass alles Gehörte Wirkungen entfalten kann, die sich von der Aussageabsicht weit entfernen. Die Belastung des Zuhörens besteht darin, etwas hören zu müssen, das einen befremdet, das man nicht kennt oder mit Inhalten verbunden ist, die auch eigene Grenzen berühren oder an eigene Fehler erinnern. So hört man meistens nur das, was man hören will oder kann, ohne geängstigt und beunruhigt zu werden. Ein Hauptproblem jeder Kommunikation ist die unaufhebbare Ungewissheit, dass das Gesagte auch so verstanden wird, wie es tatsächlich gemeint ist. Also wird man zurückfragen müssen und mitteilen, was man verstanden hat, und das im Grunde genommen so lange, bis beide Gesprächspartner feststellen können: Ja, genau so!

Der Zuhörer als «offenes Gefäß» – diese Vorstellung setzt die Möglichkeit voraus, dass das gefüllte Gefäß andernorts wieder «entleert» werden kann. Der Zuhörer ist ein Helfer, der selbst wiederum Hilfe benötigt, um nicht am Gehörten zu ersticken. Dann macht er die Erfahrung, wie entspannend die Begegnung mit einem aufnehmenden Zuhörer sein kann, und erwirbt zugleich Verständnis für den Drang, sich mitzuteilen.

Zuhören vermittelt Freiheit und Toleranz und hat nichts mit Bewerten, Belehren, Beschämen oder Infragestellen zu tun. Zu einfühlender Toleranz wird fähig, wer gegenüber seinen eigenen Schwächen, Fehlern und Begrenzungen tolerant ist, und das heißt, sie versteht.

Bezeugen und Halten

Das aufnehmende Zuhören eröffnet eine heilsame Dimension innerhalb einer Beziehungskultur. Indem Aussagen aufgenommen werden, erfahren sie Bestätigung und werden vom Zuhörer bezeugt. Wenn es um Erkenntnisse und Erfahrungen geht, die wesentliche Wahrheiten transportieren, die aber immer in Abrede gestellt wurden oder gar nicht erst gedacht, geschweige denn ausgesprochen werden durften, dann ist das für den Sich-Mitteilenden ein Akt großer Befreiung und Bestätigung, mitunter auch der Genugtuung. Endlich kann eine erlebte Wahrheit mitgeteilt werden, und sie entfaltet ihre befreiende heilsame Wirkung durch die Zeugenschaft des Zuhörenden.

Natürlich geht es dabei nicht um irgendein Gerede, nicht um narzisstische Selbstdarstellung oder hysterische Absichten; eine solche Fehleinschätzung kann immer wieder vorkommen, aber ein geübter Zuhörer wird dabei ermüden, abschweifen oder davon unangenehm berührt sein. Echte Mitteilungen, die eine bisher unerkannte oder unbezeugte Wahrheit vermitteln, sind hingegen immer mitreißend, und man kann sich ihrer Wirkung in Form eigener Betroffenheit kaum entziehen. Echte Aussagen stecken emotional an, und an ihrem Ende steht eine befreiende und entspannende Wirkung – auch wenn gerade etwas sehr Belastendes oder Trauriges mitgeteilt wurde –, ganz im Gegensatz zu den unechten Selbstdarstellungen, die keinen beruhigenden Abschluss finden.

Der Bezeugende vermittelt Bestätigung – auch ohne Worte, im Sinne von: «Ja, so ist es!» Dies kann von ungeheurer Wirkung sein, zumal wenn die subjektive Wahrheit zuvor immer abgewertet oder schlicht verneint wurde. Zu bezeugende Aussagen sind in der Regel hochaffektiv besetzt und werden oft mit großer emotionaler Erschütterung vorgetragen. Wesentlich für eine bezeugende Annahme ist vor allem das Aushalten und Halten – auf keinen Fall sollte das Gesagte gemildert oder heruntergespielt werden.

Es gibt eine Reihe von Trostformeln, die Zuhörer einsetzen, um sich zu entlasten, mit denen sie die Aufgabe der Zeugenschaft jedoch zugleich preisgeben. So hört man etwa: «Ist ja noch mal gut gegangen!», «Geht ja wieder vorüber!», «Wird schon wieder gut werden!», «War ja nur halb so schlimm!», «Hätte noch schlimmer kommen können!», «Hauptsache, Du hast überlebt!», «Da wächst Gras drüber!», «Du darfst nicht mehr daran denken!», «Beruhige dich doch!», «Denk an etwas Schönes, gönn dir etwas, lenk dich ab!», «Ja, ja, das kenne ich auch, bei mir war das so ...!», «Ich habe das so ... für mich gelöst!»

Was «gut gemeint» ist, gerät schnell zur Abwertung des Gesagten, zur Belehrung des Sich-Mitteilenden und zur Herabwürdigung der Bedeutung der Aussage. Ein zuhörender Zeuge hingegen befördert Wahrheit, vermittelt Toleranz und bestätigt die Würde seines Gegenübers.

Verhandlungsbereitschaft

Wer die eigene frühe Not und deren Folgen erkannt und verstanden hat, wer die affektive Spannung durch geschützten Gefühlsausdruck immer wieder abführen gelernt hat und wer seinen inneren Zustand angemessen kommunizieren kann, der gewinnt die Einsicht und Fähigkeit, seine Beziehungen nach Form und Inhalt zu verhandeln. Die beste Einstellung für eine freundschaftliche und partnerschaftliche Beziehung ist der Vergleich mit einer ehrlichen und seriösen «Geschäftsbeziehung» zum Vorteil beider Beziehungspartner. Es geht um ein Gleichgewicht von Geben und Nehmen. Beziehungskultur lebt von relativer Ausgewogenheit, Gerechtigkeit und von Toleranz.

Als Erwachsener bekommt man eigentlich nichts mehr geschenkt, alle Wünsche und Bedürfnisse «kosten» – Arbeit, Geld oder Gegenleistung. Das kindliche Versorgungsrecht endet mit der erwachsenen Selbstversorgungspflicht. Der Wechsel vom Empfänger zum Selbstversorger mit der wachsenden Möglichkeit, auch Geber und Versorger zu werden, ist oft ein jahrelanger Prozess, je nach den individuellen Voraussetzungen und den sozialen Möglichkeiten. Es wird immer Menschen geben, die sich nicht ausreichend versorgen können. Die Qualität einer Gesellschaft lässt sich an der Güte ihrer Sozialsysteme messen, daran, wie gut und gerecht Hilfsbedürftige versorgt werden. Der sogenannte Missbrauch von Sozialleistungen ist immer auch ein Symptom psychosozialer Störung bei Menschen, die innerseelische Gründe haben, sich nicht nach den vorhandenen Möglichkeiten entsprechend selbst zu versorgen. Da eine solche Behinderung oft unbewusst besteht, lässt sich in der Regel durch Vorwurf, Ermahnung und Forderung keine wesentliche Besserung erreichen.

Häufig werden aus frühkindlichen Defiziten herrührende Erwartungen auf die Sozialsysteme übertragen. Was die Eltern nicht geben konnten oder wollten, sollen jetzt der Staat oder karitative Institutionen erfüllen. Dies bleibt für den Einzelnen in der Regel ein tragischer und ungleicher Kampf um ein Recht, das ursprünglich bestand, leider nicht erfüllt wurde und durch Sozialleistungen nicht mehr wirklich befriedigt werden kann. Ein Staat, der es versäumt, die frühe Versorgung seiner Kinder dadurch gut zu sichern, dass er für ausreichend Aufklärung und Information über die Bedeutung der frühen Beziehungserfahrungen sorgt, und die Eltern – vor allem die Mütter – bei ihren Betreuungsaufgaben optimal zu unterstützen, der wird die dadurch eingesparten Kosten später in mehrfacher Höhe für die Behandlung von Krankheiten, für die Bekämpfung von Gewalt und Kriminalität und für Sozialhilfen ausgeben müssen.

Unerfüllte frühe Versorgungswünsche – weniger materieller als emotionaler Natur – werden aber auch in die persönlichen Beziehungen hineingetragen. Das Leid innerhalb von Partnerschaften entsteht fast immer aus frühen Hoffnungen und Erwartungen, die der Partner natürlich auch nicht erfüllen kann. Das Problem wird dadurch erschwert, dass die frühen Bedürfnisse nun in der Maske aktueller Ansprüche erscheinen. Es heißt dann: «Du hörst mir nicht zu!», «Du verstehst mich nicht!», «Du liebst mich nicht mehr!», «Du gehst nicht auf meine Wünsche ein!», «Du bist nicht richtig für mich da!», «Du beachtest mich nicht!», «Du würdigst meine Bemühungen nicht!» Wer solche Sätze sagt, behandelt den Partner wie einen Wunscherfüllungsgehilfen.

Die hinter solchen Vorwürfen steckenden Enttäuschungen speisen sich aus frühen Defiziten, machen sich aber an gegenwärtigen realen Schwächen und Fehlern des Partners fest. Der Ankläger fühlt sich deshalb meistens im Recht, und der Beschuldigte entwickelt nicht selten Schuldgefühle. Folgen Bemühungen um Verbesserungen, so scheitern diese regelmäßig an der Unerschöpflichkeit des Begehrens und der Begrenztheit möglicher Erfüllung. Der bedürftige Partner hat praktisch nur eine Möglichkeit, die Partnerschaft nicht mit seiner frühen Not zu belasten: indem er nämlich lernt, sich selbst besser zu verstehen und zu beachten, für sich selbst gut zu sorgen, sich gernzuhaben und sich Wünsche zu erfüllen. Warum sollte das, was man praktisch nur selbst leisten kann – und das ist offensichtlich schwer genug –, dem Partner auferlegt werden? Auf diese Weise würde jede Liebesbeziehung in ein Ausbeutungsverhältnis verwandelt.

Deshalb bleiben Verhandlungen die wichtigste Verständigungsbasis für das Geben und Nehmen in Beziehungen. Dabei sollte man die Wir-Form tunlichst vermeiden (etwa zu fragen: «Wollen wir …?», «Was machen wir?»). Genauso wenig geht es primär darum herauszubekommen, was der andere möchte (etwa zu fragen: «Was willst du?», «Was ist deine Meinung?»). Nur derjenige hat partnerschaftliche Beziehungsfähigkeit erreicht, der sich bemüht zu wissen, was *er* will, und seine Meinung auch auf die Gefahr hin kommuniziert, keine Zustimmung oder Bestätigung zu erhalten. Dazu zählt auch,

- die Erwartungen an andere zurückzunehmen oder zu begrenzen;
- für das eigene Wohlbefinden und die nicht ausbleibenden Enttäuschungen selbst die Verantwortung zu übernehmen;
- die unvermeidliche Einschränkung der eigenen Wünsche emotional zu verarbeiten;
- Wünsche nur im ausgewogenen Hin und Her zu erfüllen und erfüllt zu bekommen.

Dass in einer gelingenden Partnerschaft über Kinderbetreuung, Arbeitsteilung und Finanzen verhandelt werden muss, bedarf keiner Erörterung. Ich meine aber, dass ebenfalls über Sexualität, Freizeitgestaltung und vor allem über Befindlichkeiten ehrlich und offen gesprochen werden sollte und Bedürfnisse, Wünsche, aber auch

Ängste und Unsicherheiten kommuniziert werden. Ein Partner bzw. eine Partnerin bieten die Chance für besseres Leben; es gibt jedoch keinerlei Verpflichtung zur Übereinstimmung oder zur Erfüllung von Erwartungen. Verschiedenheit ist realistischer als Gleichklang. Um Unterschiede zu identifizieren, zu verstehen und gegebenenfalls eine Annäherung zu erreichen, muss kommuniziert und verhandelt werden. Dabei sind etwa folgende Verhandlungsschritte zu beachten:

— Ich sage, was ich will oder brauche.
— Ich bitte um Verständnis und gegebenenfalls um entsprechende Beteiligung.
— Ich akzeptiere Verschiedenheit und das heißt auch Ablehnung.

Im Fall der Verneinung meines Wunsches, meiner Bitte:

— Ich suche auf dem Verhandlungsweg nach Kompromissen.
— Ich bin bereit, Unerfüllbares oder zurzeit nicht Mögliches emotional zu verarbeiten (Trauer, Schmerz).
— Ich suche nach alternativen Möglichkeiten ohne Trotz, Vorwurf oder Rache.
— Ich verantworte die Folgen meines vom Partnerwillen abweichenden Verhaltens.

Aus der Perspektive der Frühbedürftigkeit ist das Verhandlungsergebnis immer schlechter als erwartet und erwünscht. Es ist aber immer auch besser, als die geringeren realen Möglichkeiten auch noch mit ungeklärter Frustration zu belasten und einzuschränken. Auch wenn nur geringe reale Übereinstimmung möglich ist, ist das Erleben dieses Wenigen lustvoller als die unerfüllt bleibende Sehnsucht danach.

Trauer über die Begrenzung öffnet die Lust am Möglichen. Frustration angesichts der Unerfüllbarkeit der ganz großen Wünsche verdirbt hingegen die Freude am Geringeren, aber Erfüllbaren. Das Leid von damals macht das Glück von heute so lange unmöglich, als Unerfülltes nicht betrauert, Begrenzung nicht akzeptiert und die Verantwortung für das eigene Befinden nicht übernommen werden.

VII. DIE GRUNDSÄTZE EINER BEZIEHUNGSKULTUR

Beziehungen tragen das menschliche Leben. Die Beziehungsfähigkeit wird entscheidend durch Mutter und Vater im jeweiligen gesellschaftlichen Kontext geprägt. Die Familienpolitik eines Staates sowie die geltenden Erziehungsnormen, die die Einstellung zu Kindern und den Umgang mit ihnen prägen, bilden die soziale Basis für Elternschaft. Die Entwicklungsstörungen in der Kindheit sind die späteren Ursachen der Beziehungsstörungen als Erwachsene. Prävention – im Sinne optimaler Kinderbetreuung – ist deshalb eine der wesentlichen sozialpolitischen Aufgaben einer Gesellschaft; sie beeinflusst sowohl die Einstellung zur Elternschaft als auch die gesamtgesellschaftliche Zukunft. Was «optimale Kinderbetreuung» konkret ist, wird immer umstritten bleiben, weil Natur, Wissenschaft, Ökonomie, Politik und die Subjektivität von Beziehungen niemals eine optimale Einheit bilden können.

Neben dem nie endenden Bemühen, die Entwicklungsbedingungen für Kinder zu verbessern, besteht deshalb die zweite soziale Herausforderung darin, geeignete therapeutische Möglichkeiten zur Behandlung unvermeidlicher Störungen zu schaffen. Damit sind nicht allein die Methoden der Therapieexperten gemeint. Vielmehr geht es um eine therapeutische Kompetenz für jedermann (und jede Frau). Im Kapitel «Grundlagen einer Beziehungskultur» habe ich Fähigkeiten dargestellt, die dafür wesentlich sind. Dieses Kapitel beschäftigt sich mit den Grundsätzen, die als Einstellungen, Haltungen und Werte eine Beziehungskultur herstellen und erhalten helfen. Damit lässt sich «Beziehungskultur» per se als ein «therapeutisches System» verstehen, das wesentlich dazu beitragen kann, die Schäden der Entwicklung zu kontrollieren und zu begrenzen. Ich denke also nicht an «Heilung» der Frühstörungen, die ich nach vielen Jahrzehnten psychiatrischer und psychotherapeutischer Erfahrung für ausgeschlossen halte. Vielmehr geht es mir um eine Eingrenzung und Milderung vorhandener Fehlentwicklungen und vor allem um einen kompetenteren Umgang mit der vorhandenen Behinderung mit dem Ziel, insbesondere eigene Erkrankungen, die Beschädigung von Beziehungen, die Belastung anderer Menschen und das politische Ausagieren seelischer Defizite zu vermeiden.

1. Keine Lust ohne Trauer und Schmerz

Menschliches Leben ist lustorientiert. Lust entsteht mit der ungehinderten Hingabe an ein anstehendes Bedürfnis, mit dem freien energetischen Strömen zu seiner Befriedigung. So kann man sich lustvoll bewegen, belebend mit anderen Menschen in Kontakt treten, begeistert einer Tätigkeit nachgehen, wohlig zur Ruhe kommen. Es geht darum, dass das jeweilige Tun wirklich gewollt, mit Konzentration verfolgt und ohne Angst und Hemmung vollzogen werden kann.

Jede Lust findet ihre Begrenzung in der Erschöpfung,

allerdings mit großem qualitativen Unterschied: entweder befriedigt oder enttäuscht. Bedürfnisdruck endet idealerweise mit lustvoller Befriedigungsentspannung. Häufig jedoch wird das lustvolle Strömen durch Angst, Stress, Missverständnisse oder Verbote behindert, mit der Folge, dass ein unbefriedigter Zustand der Anspannung verbleibt. Jedes Bedürfnis folgt seinem eigenen und individuellen Zyklus. Dieser Zyklus ist vielfachen Störungseinflüssen ausgesetzt. Kaum ein Mensch hat heute noch ein sicheres Gefühl dafür, wie viel Bewegung und Ruhe er braucht, welches Essen und wie viel davon ihn aktiv und gesund erhält, wie er belebende Kontakte herstellt und befriedigende Beziehungen erhalten kann, wie er die Freizeit stimmig gestaltet. Gewohnheiten, soziale Zwänge, Moden, Prestigedruck und die Ratlosigkeit der Entfremdung lassen ihn handeln, ohne eine Ahnung oder ein sicheres Empfinden, was er wirklich will und braucht. Die vermarktete Sexualität ist ein tragisches Beispiel für das Missverhältnis von vielfältigen Angeboten in Form von Ratgebern, technischen Hilfen, Bildern, Filmen oder käuflichem Sex und der behinderten oder sogar verlorenen Lustfähigkeit in der praktischen Realität. In Wirklichkeit geht es um individuelle Befriedigungschancen, Befriedigungserfahrung, Befriedigungsfähigkeit, Befriedigungstechnik und Befriedigungserlaubnis. Was darf ich? Wie mache ich es am besten? Mit wem macht es wirklich Spaß, wer tut mir gut? Wann ist die beste Gelegenheit? Was brauche ich, um mich gut hingeben zu können? Was davon entspricht wirklich meinen Wünschen, Vorstellungen und Möglichkeiten, und was mache ich, weil es alle machen, weil man es so machen sollte, weil ich es gar nicht besser weiß?!

Auf diese Weise nehmen entwicklungspsychologische Bedingungen, beziehungsdynamische Erfahrungen, sozioökonomische Verhältnisse und kulturell-moralische Einstellungen Einfluss auf die menschliche Lustfähigkeit.

Um seinen Hunger zu stillen, muss der Mensch etwas Brauchbares zu essen finden, er muss wissen, wie es sich zubereiten lässt und genießbar wird, er muss es erwerben oder bezahlen können und den Umgang mit Menge, Nährstoffen, Vitaminen, Mineralien und deren Zusammensetzung gelernt haben.

Um seine sexuellen Bedürfnisse zu stillen, braucht der Mensch Erfahrungen mit der eigenen Lustfähigkeit (Masturbation), er muss Beziehungsfähigkeit erwerben, sexuelle Techniken erlernen, körperlich-seelische Hingabe zulassen können und sich mit Angst, Scham und Schuld vor dem Hintergrund der kulturellen, religiösen und moralischen Einflüsse seiner Zeit verantwortlich auseinandergesetzt haben.

Auf allen Ebenen können störende, begrenzende bzw. verbietende Einflüsse auftreten. Der Süchtige versucht, die Realität dieser Einflüsse zu unterlaufen. Aber für seinen Lustgewinn, genauer gesagt für seine Schmerzvermeidung, bezahlt er den hohen Preis der Abhängigkeit von seinem Suchtmittel mitsamt den damit verbundenen destruktiven körperlichen wie sozialen Folgen. Am Ende ist nur noch Elend, von Lust keine Spur mehr.

Aber auch ohne Sucht ist der natürliche Rhythmus von Bedürfnisanspannung und Befriedigungsentspannung sehr vielen Menschen verloren gegangen. Der wesentliche Grund dafür liegt bei den «Frühstörungen», die den Menschen von seinen Grundbedürfnissen entfremden, ihre Befriedigung untersagen oder zumindest behindern. Menschen entwickeln und zeigen manche Bedürfnisse nicht mehr, weil sie einst dafür verachtet, verhöhnt, verlassen oder bestraft worden sind und das Gleiche jederzeit wieder erwarten. Einen eigenen Willen zu entwickeln, egoistisch zu sein, aggressiv zu werden, die sexuelle Befriedigung zu entdecken, mal nichts zu tun, seinen Träumen nachzuhängen und andere natürliche Selbstverständlichkeiten unterliegen häufig Verboten mit entsprechenden Sanktionen. In jeder Familie gibt es Einstellungen und Verhaltensweisen, die die Kinder ohne Widerspruch zu akzeptieren und hinzunehmen haben, ohne Verständnis und Rücksicht auf die kindlichen Bedürfnisse, auf ihre Andersartigkeit, ihre eigenen Rhythmen, Möglichkeiten und Begrenzungen.

Ich kenne viele Menschen, die nicht in der Lage sind, «Ich bin okay!» oder «Ich will ...» zu sagen, die ihren berechtigten Ärger nicht auszudrücken wagen, die Probleme mit dem Essen haben oder Angst und Scham vor Sexualität. Vor allem ein frühes Liebes- und Bestätigungsdefizit macht es später sehr schwer, selbst lieben zu können oder liebevolle Zuwendung anzunehmen. Ungeliebten Kindern fehlt eine wesentliche Erfahrung, und sie bleiben entsprechend «behindert». Sie wollen später auf keinen Fall an ihr frühes liebloses Schicksal erinnert werden und vermeiden deshalb jede Zuneigung. Sie haben sich einen «Charakterpanzer» aus gereizter Verstimmung, Streitlust und Vorwurfshaltung zugelegt, um unbehelligt jenes bittere Leben fortführen zu können, das ihnen auferlegt wurde. Jede Verbesserung würde tieftraurige Erschütterung bedeuten, weil sie das erlittene Defizit wieder spürbar machte.

Darin liegt eine paradoxe Tragik: Jede Lusterweiterung lässt den bisherigen Mangel und Verlust deutlich werden. Deshalb gibt es keine Lebensverbesserung ohne Trauer!

Entfremdung ist die Pest unserer Zeit. Wenn Menschen nicht mehr wissen, was sie brauchen und was ihnen guttut, weil sie lernen mussten, darauf zu achten, was von ihnen erwartet wird und was «man» tut, dann sind sie zu einem Herdendasein verdammt. Durch Suggestion, Manipulation und Animation zustande kommende «Vergnügungen» sollen dann die innere Freudlosigkeit übertönen. Man muss sich antörnen, zudröhnen und enthemmen, um in Stimmung zu kommen und alles «super» und «geil» zu finden. Stimmungsmache ist praktisch das Gegenteil von Lust. Es ist aufgesetztes und simuliertes Vergnügungsgehabe, das zur Erschöpfung mit Katerstimmung, aber nicht zur leibseelischen Entspannung mit Befriedigung führt. Gemachte, animierte Fröhlichkeit regt von außen an, man lässt sich mitnehmen und kann den Verlauf dosieren und kontrollieren, ohne einen inneren Erregungsprozess zu riskieren. Gekaufter Spaß wird vor allem gebraucht, um vorhandene Luststörungen zu kaschieren. So sind viele Menschen auf der Flucht vor ihrer Lust oder verhindern die Befriedigung durch selbst erzeugte Verstimmungen:

- Man überfordert sich und ist am Ende unzufrieden;
- auf ein lustvolles Erlebnis folgt ein kleines Unglück (ein Unfall, eine Verletzung, man vergisst oder verliert einen Gegenstand, verfährt sich, macht etwas kaputt usw.);
- bei einem guten Essen «überfrisst» man sich, bei bester Stimmung trinkt man zu viel Alkohol;

- eine gute Begegnung endet mit einem nichtigen Streit;
- bei sexueller Aktivität wird die Lustwelle durch Atemanhalten und Muskelverspannung verhindert.

Durch die negativen Erlebnisse wird das Lustempfinden gestoppt und der bekannte Zustand von Unzufriedenheit, Enttäuschung und Anspannung wiederhergestellt.

Aber auch die belastenden und aufgestauten Gefühle aus frühen Verletzungen und Einschränkungen verhindern das Strömen der Lust. Das ist auch der Grund für viele Orgasmusstörungen, die weder beziehungsdynamisch und schon gar nicht technisch oder medikamentös behoben werden können. Die Lustwelle kommt nicht oder nur begrenzt zustande, weil sie durch die aufgestauten Gefühle, die in Muskelverspannungen oder im Körperfett materialisiert und «geronnen» sind, gleichsam erstickt und gebremst werden. Auch unwillkürliche Gegenbewegungen (Anspannen statt Loslassen) verhindern das Ausbreiten der lustvollen Expansion. Manchmal – bei ungewöhnlich intensivem Sex – überwindet die Lustwelle die emotional-muskuläre Blockierung, und mit der sexuellen Entspannung bricht schmerzvolles Weinen durch, das meistens nicht verstanden und schamhaft schnell wieder unterdrückt wird. Aber die Lustwelle hat nur alten Schmerz über leidvolle Mangelerfahrungen und Trauer über das verlorene Glück wiederbelebt.

In vielen Symptomen und Verhaltensweisen werden die frühen nie wirklich zugelassenen Gefühle ersatzweise «verarbeitet»: Aktionismus, Geschäftigkeit, Streit und Kampf, Zwänge und Ängste sorgen für Stress und Ablenkung. Genussmittel saugen das «Elend» auf, Medikamente und Drogen betäuben Trauer und Schmerz. Nur wenn man in der Lage ist, die Abwehr gegen das Fühlen der frühen Verhältnisse aufzugeben, kann man wirklich Ruhe und Entspannung erleben und lustfähiger werden. Nur der zugelassene Schmerz und die Trauer über altes Unglück ermöglichen aktuelle Lust ohne Behinderung und Reue.

Lust in der Kommunikation, bei der Arbeit und in der Sexualität wird möglich, wenn die frühe Not fühlend verarbeitet werden konnte. Durch Gefühlsausdruck lassen sich nicht nur viele körperliche Beschwerden, Schlafstörungen, Grübeleien und die dumpfe innere Unzufriedenheit vermindern oder auflösen, sondern auch jene Beziehungskonflikte, Essstörungen und sexuellen Hingabeschwierigkeiten, die Folgen der frühen Mangelerfahrung sind.

Das geht jedoch niemals ohne Schmerz und Trauer. Selbst Gewicht abnehmen lässt sich auf Dauer nur dann erfolgreich, wenn der Verlust von jedem Gramm Fett, das zum Abpuffern und Aufsaugen der ungestillten Bedürftigkeit gebraucht worden war, betrauert werden kann. Ohne diese emotionale Arbeit bleiben alle Diäten letztendlich erfolglos. Auf übermäßiges Fernsehen oder den süchtigen Gebrauch von PC und Handy kann nur der verzichten oder sich darin auf ein sinnvolles Maß beschränken, der imstande ist, über den erlittenen Beziehungsmangel Trauer zu empfinden. Wirkliche Abstinenz von Drogen und Genussmittelmissbrauch braucht den schmerzvollen Zugang zur ungestillten Liebesbedürftigkeit. Ohne Schmerz und Trauer bleiben die Erfolge von Suchtbehandlungen von kurzer Dauer, und der nächste Rückfall ist gewiss. Leistungssucht und Erfolgsstreben sollen den frühen Anerkennungsmangel vergessen machen; wirkliche Erholung in der Freizeit oder im Urlaub ist deshalb immer auch ein Stück weit mit schmerzvoller Einsicht verbunden.

Nur Schmerz und Trauer können Mangel, Verlust und Begrenzung so verarbeiten, dass selbst ohne umfassende Befriedigung Entspannung möglich wird. Ohne ungestörten Gefühlsausdruck keine Beziehungskultur; Weinen und Trauern gehören unabdingbar dazu; sie bilden die Voraussetzung für lustvolles Erleben.

Aber das Gegenteil davon und damit der Irrtum sind leider System: Gesundheit, Schönheit, Lust und Lebensfreude, die nur durch innere Entlastung möglich werden, versuchen wir durch äußere Zuwendung zu erreichen. Kein Medikament, keine Kosmetik, keine Technik, keine Diät, kein Gewinn und kein Besitz können wirkliche Lust ermöglichen. Wir alle kennen Menschen, die nach einem erfolgreich bekämpften Symptom bald andere Beschwerden bekommen, die nach einer erfolgreichen Diät sehr schnell wieder zunehmen, die nach einem Geldgewinn rasch vom Glück verlassen werden, die angesichts eines Erfolgs von großen Sorgen über künftige Leistungen heimgesucht werden. Ist ein materieller Wunsch endlich erfüllt, tritt die erwartete Befriedigung nicht ein oder erreicht nicht den «inneren Kern». Wer ehrlich zu sich selbst ist, erkennt, dass die üppige äußere Situation ihn nicht wirklich erfüllt. Das Äußere findet keine innere Resonanz; denn dort zählen ganz andere, weniger spektakuläre, aber authentische menschliche Gesten und Erfahrungen, um das Leben wirklich genießen zu können: ein freundlicher Blick, ein anerkennendes Wort, eine liebevolle Geste, eine zustimmende Berührung, eine herzliche

Umarmung. Es geht um unmittelbare Daseinsfreude, um erlebte Selbstbestätigung und *echten* mitmenschlichen Kontakt.

2. *Erst fühlen, dann handeln*

Wir leben in einer Zeit, in der Handlungen nach rationalen Maßstäben, nach dem, was sich rechnet oder Vorteile bringt, vollzogen werden. Viele Handlungen werden mit dem Verweis auf wissenschaftliche Daten oder bürokratisch unter Berufung auf Verordnungen und Gesetze begründet.

In der Politik dominieren Handlungszwänge; mehrheitsfähige Maßnahmen und Entscheidungen, notfalls auch militärische Verteidigungsstrategien bilden die *ultima ratio*. Die häufige Irrationalität und Unmenschlichkeit militärisch und bürokratisch begründeter Entscheidungen wird kaum noch hinterfragt. Was heute als wissenschaftlich begründet gilt, ist morgen schon durch neue Erkenntnisse widerlegt. Das individuelle Handeln bedient sich vergleichbarer rationaler Begründungen, die das Handlungsmotiv häufig sogar für den Handelnden selbst hinter Suggestionen verbergen. Sie dienen ausschließlich der Abwehr und sollen das Gegenüber entsprechend beeinflussen:

- Das ist notwendig!
- So muss das sein!
- Das ist jetzt richtig!
- Ich brauche das jetzt! Das mache ich nur für dich!
- Ich will dir ja nur helfen!
- Das ist so, weil …!
- Das musst du doch einsehen!

— Das habe ich so gelesen und gelernt!
— Das hat sich bewährt!
— Das mache ich immer so!
— Das musst du mir schon glauben!

Subjektive Feststellungen, Behauptungen, Überzeugungen oder Erfahrungen werden dazu benutzt, das eigene Handeln zu erklären, ohne dass tiefere Beweggründe – Kränkungen, Verletzungen bzw. Bedürftigkeiten – erkennbar werden. Atmosphärisch ist von diesen Beweggründen aber oft etwas spürbar. Spannung, Unmut, Zweifel und Ärger bestimmen untergründig die Situation – aber sich diese Befindlichkeit bewusst zu machen oder sie gar mitzuteilen ist nahezu verpönt. Gefühle werden selten ausgetauscht. Dem Gefühl wird in aller Regel nicht zugetraut, Wegweiser zu einer tieferen Wahrheit, zur Erkenntnis der wirklichen Motivation sein zu können.

Der «Kopf» hat über das «Herz» oder den «Bauch» zu bestimmen. Wer sich von seinen Gefühlen leiten lässt, wird als schwach, unbeherrscht, unberechenbar, unzuverlässig, als «subjektiv» abgewertet. Gefühle und Stimmungen werden mit großer Mühe auf Distanz gehalten. So verblassen Intuition und Phantasie, so verkümmert die Spontaneität, und das Handeln wird kalt, funktional und distanziert. Als ginge es nicht mehr um menschliche Angelegenheiten, sondern um Vorgänge, die sachlich, korrekt und ordentlich erledigt werden müssen. Dies mag für Amtshandlungen, Arbeitsprozesse und juristische Tatbestände Sinn machen, nicht aber für menschliches Handeln in Situationen des Entscheidens oder innerhalb der Dynamik von Beziehungen. Bei den Fragen: Wie soll ich mich entscheiden? Was ist jetzt zu tun? Was nehme ich mir vor? Wonach ist mir? Was ist jetzt richtig? Wie verhalte ich mich richtig? Wie löse ich dieses Problem? Wie bringe ich das in Ordnung? Wie komme ich in Kontakt? Wie gestalte ich die Beziehung? Wie komme ich hier zurecht? Was kann ich tun, um mich wohlzufühlen? – bei all diesen und ähnlichen Fragen helfen Überlegungen oder Ratgeber nur bedingt. Man handelt dann meist, wie man sollte oder es empfohlen wird, wie es geboten und vernünftig erscheint, und nimmt dabei Fremdbeeinflussung und Fehleinschätzungen in Kauf. Am liebsten das machen, was alle machen! Derlei Handlungsmaximen erwachsen aus dem Bedürfnis, dazuzugehören, nicht allein zu bleiben. Oftmals ist das ein Symptom für Selbstwertschwäche und geschieht im Bann der Frühstörung, zu dem Zweck, das Risiko von Kritik und Ablehnung zu umgehen. Die angepasste Handlung – das bloße Mitmachen – wird dann meistens als entlastend erlebt und dankbar hingenommen, ohne sich groß Gedanken zu machen. Solche Als-ob-Persönlichkeiten handeln, als ob es ihre Meinung und Entscheidung wäre, dabei achten sie vor allem darauf, was von ihnen erwartet wird, und passen sich sehr schnell an, damit erst gar keine Verstimmung aufkommen kann, die an frühe Erfahrungen erinnern könnte. Die Meister der Als-ob-Störung spüren bereits die Erwartungstendenz, noch bevor diese den anderen bewusst wird und zur Sprache kommt. Sie gelten damit als besonders angenehme und gefällige Beziehungspartner. Aber der Schatten der Entfremdung verdunkelt nur zu oft das eigene Lebensglück und lässt die Lebendigkeit der Beziehung verkümmern.

Die angepasste Handlungsweise steht natürlich im Dienste des «Mutterschutzes». Mit der Anpassung an die mütterlichen Erwartungen wurde diese Fähigkeit erworben und ausgestaltet. Auch die allerorten wuchernde Animation hat die gleiche Funktion: mitmachen, nachmachen, machen, was alle tun, um die Mühe und Verantwortung für eigenes Tun zu vermeiden und damit die Entfernung von der «Mutter» in der Tiefe nicht zu riskieren.

Eine andere Spielart handelnder Gefühlsvermeidung besteht darin, unbewusst Konflikte und Krisen zu provozieren, um aktuelle Probleme zu haben, deren Streitpotenziale erkennbare Gründe für die ansonsten nicht mehr verständliche Verstimmung und Unzufriedenheit liefern, die aus aufgestautem frühem Stress resultieren. Auch durch ständigen Aktionismus oder durch sein Gegenteil, durch Passivität und Resignation, wird der Kontakt zum Fühlen erschwert oder ganz vermieden – die Menschen leben dann nur noch im Hinblick auf äußere Ereignisse oder im sozialen Rückzug, im letzteren Fall zumeist verbunden mit depressiver oder dysphorischer Gefühlsabwehr.

Die schützende Formel für das eigene Handeln (oder Nichthandeln) lautet in solchen Fällen: «Ich weiß nicht sicher, wer ich bin. Ich weiß nicht genau, was ich will! Ich mache, was mir gesagt wird oder was die anderen auch machen.» Wer im *common sense* des sozialen Gruppendrucks handelt oder Handeln vermeidet, bleibt zwar unauffällig und wird formal akzeptiert, er verfehlt aber in der Regel die befriedigende Erfahrung originärer Subjektivität und selbstwertsichernder Identität.

Der eigene Weg hingegen wäre so zu umschreiben: «Ich bin ich. Ich bin anders und habe etwas Eigenes beizutragen!» Das ist schwieriger, aber die einzige Chance, in ständiger Auseinandersetzung zwischen Innen und

Außen (Eigenständigkeit in Bezogenheit!) sich immer wieder – unter wechselnden und sich verändernden Bedingungen – selbst zu finden und damit zu einer Beziehungskultur fähig zu werden.

Mut und Kraft für selbstverantwortetes Handeln und für dessen Zielorientierung sind nur durch Fühlen zu erreichen. Im Unterschied zum emotionalen Reagieren meint «Handeln nach dem Fühlen» eine Reinigung von den emotional bedingten Einschränkungen eines Gefühlsstaus aus frühen Beziehungsstörungen. Die nicht zugelassenen Gefühle als Folge der erlittenen Frühstörungen schränken die Wahrnehmung, das Denken, die Entscheidungsfreiheit und das angemessene Handeln ein. Hass macht blind, Schmerz korrumpiert, und Trauer lässt das Handeln erlahmen.

Wer also vor seinen Entscheidungen und vor seinem handelnden Tun «Bauch und Herz» sprechen lässt, der wird viel besser von innen her nach den eigenen Möglichkeiten entscheiden und authentisch handeln können. Wieder geht es um «Gefühlsräume», in denen man ungestört und niemand störend, gegebenenfalls hilfreich unterstützt und verstehend begleitet, den emotionalen Untergrund anstehender Handlungen ergründen kann. Dabei lassen sich aufgestaute Gefühle aufgrund früher Verletzungen ebenso aufspüren und entladen, wie die emotionale Seite jeder Angelegenheit zur Geltung gebracht und damit die subjektive Wahrheit besser gefunden werden kann.

Abgelöst vom Gefühl bleiben alle Handlungen ungeerdet und sind hochgradig gefährdet, ohne Rücksicht auf die eigenen wirklichen Möglichkeiten und Begrenzungen vollzogen zu werden und damit die Entfremdung zu verstärken. Handlungen im unkontrollierten Affekt und getragen von aktivierten Gefühlen aus alten belastenden Erfahrungen sind verfälscht, überzogen, unpassend und schaffen nur neue Probleme.

Dagegen führen Überlegungen und Entscheidungen, die von alter Gefühlslast befreit sind und in Korrespondenz mit der fühlenden Wahrnehmung der subjektiven Gegebenheiten getroffen werden, zu authentischen Handlungen.

Der Kopf ist mit fremdem Wissen, fremden Überzeugungen und Meinungen vollgestopft und oft kein guter Ratgeber für das eigene Leben, wenn es nicht nur angepasst vollzogen werden will. Im Fühlen liegt der Zugang zum Unbewussten – auch zum Archaischen und Instinktiven. Mit einer geschützten Gefühlsentladung lassen sich frühe Affekte abführen, und die subjektive Bedeutung der aktuellen Situation kann geklärt werden. Damit sind stabilisierende Grundlagen einer Beziehungskultur geschaffen.

3. Die Akzeptanz der Begrenzung

Die Endlichkeit unseres Lebens und die Begrenzung unserer Möglichkeiten sind ganz selbstverständliche, natürliche Gegebenheiten. Umso mehr fällt die völlig illusionäre, aber mit nahezu blindem Eifer betriebene Verleugnung dieser Tatsache auf. Der verständliche Wunsch, die Lebenszeit so angenehm und lustbetont wie möglich zu verbringen, hat zu einer süchtigen Lebensform geführt, die die wirklich lustvollen, aber begrenzten Chancen des Lebens mehr zerstört als nutzt. Die Wachstumsgesellschaft nährt unermüdlich falsche Hoffnungen, da sie keine Begrenzung und damit kein Ende der Möglichkeiten akzeptiert. So ist jeder Erfolg bereits wieder entzaubert durch den Zwang, erfolgreich zu bleiben und weitere Ziele zu erreichen. Die Freude am Erreichten, die Entspannung nach erfüllter Handlung werden durch Leistungs- und Konkurrenzdruck verhindert. Auf diese Weise verkehren sich Jugendlichkeit, Schönheit, Gesundheit, Leistung und Sieg zu Zwangsvorstellungen, die ihre natürlichen Gegensätze – Altern, Hässlichkeit, Krankheit, Ruhe und Niederlage – in den Schatten stellen und damit das Leben zur Quälerei werden lassen. Denn kein Mensch bleibt über die Lebensspanne nur jung, schön, gesund, aktiv und erfolgreich.

Der Jugendkult entwertet den Glanz wissender Reife und die Ausstrahlung der Erfahrung. Der Wettbewerb pervertiert Leistungsbereitschaft zum Doping, der Kampf um Profit zerstört die menschlichen Beziehungen, und die Wachstumsidee zwingt die Menschen am Ende in den Krieg. «Schönheits»-Chirurgen brechen den hippokratischen Eid, Sportler verkaufen ihre Ehre, Manager opfern menschliche Verbundenheit, und Politiker betäuben sich mit Handlungszwängen. Demokratie verkommt auf diese Weise zur Diktatur des Kleingeistes und verliert die Kontrolle über die Profitsucht. Die Stimmen der begrenzenden Vernunft, der Weisheit, Erfahrung und des Gewissens werden auf dem Feld der zwanghaften Geschäftigkeit und des albernen Zeitvertreibs geopfert. Konsumierte Meinung zählt mehr als Wahrnehmung und Erfahrung, das Denken ankert nicht mehr im Fühlen, und das süchtige Zappen nach Ablenkungsangeboten lässt die Woge der Lust verkümmern.

So gesehen könnten wir denken, wir wären Opfer der Verhältnisse, der Entwicklung passiv ausgeliefert, Hypnotisierte der Zeitgeistsuggestionen. Ich halte die Umkehr der Perspektive für richtiger: Die Verhältnisse sind immer auch ein Ausdruck des Seelenlebens der Mehrheiten. Die Innenwelt ist verantwortlich für die Gestaltung der Außenwelt. Was innen nicht vorhanden ist, kann außen nicht entstehen. Aber was innen verborgen ist und dort nicht wahrgenommen wird, stellt sich im Außen dar. Wer keine Liebe erfahren hat, kann keine liebende Beziehung aushalten und gestalten, aber etwa Priester werden, der Liebe predigt, statt sie zu leben, oder Soldat, der den aus Lieblosigkeit entstandenen Hass mit Waffengewalt weitergibt. Wer keinen Grund zum Lachen hatte, wird Freude vermeiden – aber vielleicht jeden albernen Spaß mitmachen. Das eingeschüchterte Kind wird später abhängige Verhältnisse suchen und dabei verkümmern oder betont und hemmungslos nach Macht streben. Früh erlittene Gewalt lässt die ehemaligen Opfer zu späteren Tätern werden oder zu bemüht Friedfertigen, die ihre Friedensbotschaft dann oft ziemlich radikal oder militant durchsetzen wollen. Für alle späteren Entscheidungen und Verhaltensweisen lassen sich frühe Quellen finden.

So, wie ein unbewusster innerseelischer Konflikt ein körperliches Symptom produzieren kann, so reinszenieren sich die ungeklärten und verleugneten sozialen Konflikte und die verborgenen Ansichten der Mehrheiten in der gesellschaftlichen Entwicklung, ohne dass der unbewusste Hintergrund von Normen und Gesetzen, von Meinungen und Moden ohne weiteres zugänglich wäre. Es wäre eine verhängnisvolle Fehleinschätzung, davon auszugehen, dass in pathologischen Systemen wie dem

Nationalsozialismus und dem Kommunismus oder heutzutage dem Konsumismus und dem Terrorismus sich nur böse Mächte austoben würden. Vielmehr müssen wir davon ausgehen, dass die destruktiven Energien der Massen sich entsprechende Systeme und Organisationen schaffen, um endlich eine äußere «offizielle» Struktur zu finden, an der man abarbeiten kann, was im Inneren aufgestaut ist, aber nicht als eigenes Problem akzeptiert wird. Der Rassenwahn der Deutschen verriet etwas von der angstbesetzten inneren seelischen Bedrohung der Menschen und ihren Minderwertigkeitsgefühlen, der Kommunismus war getragen von einer irrationalen Sehnsucht nach Frieden und sozialer Gerechtigkeit aus der innerseelischen Erfahrung von erlittener Ungerechtigkeit. Der heutige Konsumismus ist vor allem Ausdruck unerfüllter früher Bedürftigkeit einer Mehrheit der Menschen, die durch Kaufen und Verbrauchen gestillt werden soll.

Spätestens mit dem Irakkrieg dürfte klar geworden sein, dass auch eine konsumistisch orientierte Demokratie nur so lange Frieden halten kann, wie der Zugang zur «Droge» – sei es Macht, Profit oder Öl – gesichert bleibt. Jenseits dieser abhängigen Sicherheit droht das demokratische Gerüst durch die unbewältigten inneren Sehnsüchte und Bedürftigkeiten zusammenzubrechen. Die Kompensation der Frühstörungen der Menschen, die ihre ungestillte Bedürftigkeit im Konsum süchtig ausleben und ihre Strukturschwäche in einem bürokratischen System gebunden haben, bleibt ein anfälliger Ersatz, solange die erlittenen individuellen Defizite und unvermeidbaren Begrenzungen nicht durch Trauer ihren Frieden finden können.

Die Hoffnung braucht eine andere Grundlage. Dass Begrenzung so hartnäckig geleugnet, in der Scheinvorstellung unbegrenzter Möglichkeiten so grandios abgewehrt und am Ende kriegerisch bekämpft wird – gegen alle Vernunft und mögliche Einsicht –, das zeugt vom Einfluss unbewusster, irrationaler seelischer Prozesse. Einst galten die USA als Land der unbegrenzten Möglichkeiten, doch diese Vorstellung basierte von Anfang an auf einer Du-oder-ich-Wildwest-Ideologie und auf Waffengewalt. Die Weite des Landes verlieh der geknebelten Sehnsucht der Einwanderer Flügel. Heute transportiert die «Globalisierung» die Hoffnung unbegrenzter Möglichkeiten gegen die Schrecken der Begrenzung und wird dabei von der vermeintlichen Grenzenlosigkeit der digitalen Informations- und Kommunikationswelt flankiert. Wir verlieren uns in der möglichen Fülle und Weite, um die Wahrnehmung der Begrenzung zu vermeiden.

Begrenzt ist unsere Lebenszeit, begrenzt sind unsere Talente, begrenzt bleiben unser Glück, die Erfolge, die mögliche Entfaltung, die denkbare Erfahrung, die Erlebnisse, die Erkenntnisse und das Wissen, begrenzt sind unsere Liebe, die Lustfähigkeit, das Verstehen, die Empathie, das Miteinander-Auskommen. Alles hat eine Grenze und ein Ende. Selbst das opulenteste und raffinierteste Mahl, die größte Geschmacksfülle des Weins oder die geilste Variante sexueller Lust ist schnell begrenzt durch Völlegefühl, Trunkenheit und Erschöpfung. Im Ekel äußert sich die Verleugnung der Begrenzung.

Warum ist es so schwer, Begrenzung zu akzeptieren? Viele haben Befriedigung und Sättigung nicht ausreichend kennengelernt, und ihnen fehlt die Erfahrung, so, wie sie sind, Anerkennung zu finden. Nur der Befriedigte schläft wohl, nur der Satte findet Ruhe, nur der Bestätigte zeigt Zufriedenheit und hält Frieden.

Der an sich normale – physiologische – Rhythmus von Anspannung und Entspannung, von Bedürfnis und Befriedigung ist gebunden an Freiheit, Erlaubnis, Unterstützung und Beziehung. Um die Bedürfnisse wahrzunehmen, bedarf es Raum und Zeit, um sie zu verstehen, Information und Übersetzungshilfe, um sie zu befriedigen, braucht man erreichbare und einverstandene andere.

Begrenzung ist die zu erfahrende und zu erlernende Normalität. Unlust findet ausschließlich in der Lust ihre Beruhigung. Für den Moment. Nicht auf immer. Bis zum nächsten Bedürfnisdruck. Bleiben dem Kind weder Zeit noch Raum für seine ureigenen Wahrnehmungen, erfährt es kein ausreichendes Verständnis, keine Unterstützung und Befriedigung seiner individuellen Bedürfnisse und Möglichkeiten, dann bleibt es in einer Dauerspannung der Unzufriedenheit und verharrt im belastenden Erleben des Mangels und der Ablehnung. Begrenzung wird auf diese Weise zum schmerzvollen Erleben, das keine Entspannung findet.

Das allein gelassene Kind wird der Mutter nie überdrüssig, das ständig bespielte Kind lernt weder Pause noch Stille kennen, Forderungen verhindern Ruhe und Entspannung. Das Kind, dem ständig großartige Leistungen abverlangt werden, kann Schwäche, Angst und Fehlleistungen nicht akzeptieren. Das gekränkte Kind will sich unbedingt beweisen. Das bedürftige Kind wird gierig, und das geschlagene Kind weiß nicht, wie sich Liebe anfühlt. So bleiben Grenzen unannehmbar, und die Polarität des Lebens wird zur Bedrohung. Abhängigkeit, Bequemlichkeit und Verantwortungslosigkeit sind die

Folgen nie erlebter Befriedigung. Übermäßige Leistung, Kampf und Sucht wollen die Begrenzung Lüge strafen. Betrug, Verbrechen und Krieg stellen die Kehrseite kultivierter Grenzenlosigkeit dar. Die Illusion unbegrenzter Möglichkeiten, Machbarkeitswahn und Wachstumsutopie, das sind die gesellschaftlichen Symptome des Entgrenzungswunsches. Der Einzelne hingegen erhofft sich ewige Jugendlichkeit, Gesundheit und Glück. Die Grenzenlosigkeit der Erwartungen belastet jedoch das Leben, entwürdigt das Altern, verpasst die Chance, den tieferen Sinn von Kranksein zu erfassen, und entwertet die glücklichen Momente des Alltags.

Das Versagen der Eltern verhindert, Begrenzung als normale und entspannende, ja befreiende Selbstverständlichkeit zu erfahren. Einschüchterung der Wahrnehmung, Repression der Entfaltung und Verweigerung von Befriedigung schüren den Drang zu grenzenloser Expansion und Erfüllung. Die Auswirkungen sind ein ichbezogenes, neidvolles, kämpferisches, im Extremfall brutales Sozialverhalten. Auch unvermeidliche Begrenzungen werden dann als ungerecht, unverdient und leider auch als prinzipiell überwindbar verstanden. Aber noch aus jeder Revolution sind neue Ungerechtigkeiten hervorgegangen, jeder äußere Erfolg wird durch den Vergleich mit dem der Konkurrenten zerstört, und selbst ein Sieger muss um seinen Ruhm durch die nun auf ihn lastenden Leistungserwartungen bangen.

Der süchtig machenden Leistungs- und Erfolgsspirale lässt sich nur durch eine «Therapie zur Akzeptanz von Begrenzung» begegnen. Dazu zählen die Einsicht in die eigenen – begrenzten – Möglichkeiten, die gefühlsmäßige Verarbeitung des Unabänderlichen und die lustvolle

Gestaltung des Erreichbaren. Dies steht in vollständigem Gegensatz zur Verleugnung der Begrenzung in der Leistungs- und Wachstumskultur, es widerspricht der Vermeidung von Schmerz und Trauer in einer oberflächlichen Spaßgesellschaft, verhindert die depressive Enttäuschung über die eigenen bescheidenen Möglichkeiten und beendet die permanente Abwertung des real Erreichbaren. Beziehungskultur basiert auf einer Akzeptanz der Begrenzung.

Hoffnung gibt dem Leben Kraft. Begrenzung gibt der Hoffnung erreichbare Ziele. Die Akzeptanz der Begrenzung sichert die menschliche Hoffnung und erdet sie im realen Erleben.

4. Eigenständigkeit in Bezogenheit

Freiheit und Würde des Menschen setzen Eigenständigkeit voraus. Es gibt gewichtige Umstände, die die Eigenständigkeit des Menschen einschränken oder gänzlich aufheben: Krankheit, Behinderung, Hilflosigkeit, Bewusstlosigkeit, aber auch ökonomische Abhängigkeit, soziale Gebundenheit, politische Repression, Befehlslage, Gefangenschaft oder Freiheitsentzug. Für eine Beziehungskultur ist indessen die innerseelische Eigenständigkeit von zentraler Wichtigkeit; trotz einschränkender Umstände macht sie die Identität und Würde des Menschen aus.

Ich will hier nicht die ethisch so wichtige Frage erörtern, wie sich unter extremen Bedingungen – beispielsweise bei politischer Verfolgung, im Krieg, im Konzentrationslager oder im Gefängnis, aber auch bei schwerer

Erkrankung und Pflegebedürftigkeit – Eigenständigkeit bewahren lässt oder in welchen Fällen Opportunismus, Ergebenheit, Anpassung und eventuell sogar Verrat nicht nur verständlich, sondern auch überlebensnotwendig und verzeihlich sein können. Dazu lassen sich kaum prinzipielle, sondern stets nur approximative Aussagen machen, die individuelle und situative Gegebenheiten würdigen und respektieren. Für die Grundsätze einer Beziehungskultur kommt es hingegen auf die Entwicklung und die Fähigkeit einer innerseelischen Eigenständigkeit an – sowie dann auf den Umgang mit ihrer Behinderung. Wie gut also kann ein Mensch «Ich!» sagen? Hat er eine kontinuierliche Erfahrung von Identität? Kann er sich authentisch erleben, und spürt er den Unterschied zwischen seinen echten Aussagen und seinem Gerede, auch wenn es noch so klug oder wichtig erscheint?

Die Entwicklung von Eigenständigkeit bedeutet erst einmal und grundsätzlich: die Eltern verlassen! Damit ist nicht allein gemeint, sich von Mutter und Vater zu entfernen, eine eigene Wohnung zu nehmen, ein eigenes Leben zu führen, den Eltern keine Mitteilungen mehr über sich zu machen oder nicht mehr regelmäßige Anrufe oder Besuche durchzuführen. Dies alles kann auf dem Weg zur Eigenständigkeit wichtig sein, aber in einer Situation erreichter Eigenständigkeit spielt der reale Umgang mit den Eltern keine besondere Rolle mehr, weil Autonomie innere Unabhängigkeit von den Eltern meint.

Mutter und Vater sind genetischer Bestandteil jeder Zelle. Aber auch ihre Gedanken, ihre Sprache, ihre Ansichten und die Art, Beziehungen zu gestalten, haben sich dem Kinde nachhaltig übermittelt, und im Lebensvollzug ist es kaum noch möglich, Genetisches, Beziehungsdynamisches (Anerzogenes, Soziales) und Ureigenes voneinander zu trennen und zu unterscheiden. In einer Therapie tauchte dafür einmal ein bezeichnendes Bild auf: Der Patient verglich die elterlichen Einflüsse mit dem «Haften von Pech», das kaum zu beseitigen ist, sich aber identifizieren und kontrollieren lässt. Ein Orientierungswert innerhalb der therapeutischen Arbeit besagt, spätestens ab dem Alter von 18 Jahren ist der Mensch verpflichtet, die Vielzahl der prägenden Einflüsse seitens der Eltern zu sichten und einem Bewertungsprozess zu unterziehen, um schließlich in einer lebenslangen Korrekturarbeit und durch die persönliche Erfahrungswelt die eigene Lebensbahn zu finden. Das heißt auch, dass man sich als Erwachsener nicht mehr für seine Fehler und Schwächen auf eine schwierige Kindheit berufen kann, sondern dass das Befinden und Verhalten jetzt selbst verantwortet werden muss.

Die Mutter nimmt wesentlichen Einfluss auf die Grundlagen für ein eigenständiges Leben: Vertrauen, Selbstwert- und Identitätsgefühl werden durch sie geprägt. Gelingt diese Entwicklung, kann sich das Kind auch ohne große Mühe äußerlich und innerlich von der Mutter entfernen und zu einem eigenen Leben finden. Die gute Mutter wird ihr Kind ziehen lassen und seinen eigenen, von ihr getrennten Weg respektieren. Die Kinder auf etwas zu verpflichten oder Dankbarkeit von ihnen zu erwarten ist ein Symptom gestörter Mütterlichkeit. Dann richten Mütter ihre ungestillte Bedürftigkeit auf die Kinder, die ihnen mehr Selbstobjekt als Liebesobjekt sind. Denn Liebe lässt frei!

Der Vater hat die wichtige Aufgabe, dem Kind zu helfen, von der Mutter loszukommen. Er ist der Erste, an den sich das Kind wenden kann, wenn es Distanz zur Mutter riskiert. Der Vater kann helfen, den Trennungsschmerz und die kindliche Angst vor Neuem zu überwinden. Er kann dem Kind das «andere» Leben außerhalb der Mutter zeigen, es ihm schmackhaft machen, erleichtern und lehren.

Die «gute» Mutter sättigt das Kind im weitesten Sinne, so dass es gut gerüstet in die Welt ziehen kann. Der «gute» Vater lehrt Lebenstechniken, vermittelt Struktur, Orientierung und Pflichten, wie man das Erhaltene schützt und erfolgreich vermehrt. «Gute» Eltern teilen und ergänzen sich in der Pflege und Lehre des Lebens.

Mutter und Vater stehen für die Erfahrung und die Lebensprinzipien von Abhängigkeit und Eigenständigkeit. Beides hat seine Wichtigkeit. Mit dem Heranwachsen wird die Eigenständigkeit zunehmen, ohne die Abhängigkeit ganz aufgeben zu müssen. Die Lebenskunst betrifft das Verhältnis von Abhängigkeit und Eigenständigkeit. Jeder Mensch muss in Abhängigkeit von seinen Möglichkeiten und von den bestehenden Bedingungen seine Entscheidungen treffen und verantworten.

Die «gute» Mutter hat die Abhängigkeit durch ihre zuverlässige Versorgung und liebevolle Bestätigung zu einer wohltuenden Erfahrung werden lassen, und der «gute» Vater hat die individuellen Fähigkeiten, sich im Rahmen der gegebenen Möglichkeiten gut einzurichten, diese aber mit eigenem Profil auszugestalten und kreativ zu entwickeln, ermutigt und unterstützt. So ausgerüstet, würde es später leichtfallen, die Abhängigkeit von natürlichen und sozialen Bedingungen wahrzunehmen, gegebene Begrenzungen zu akzeptieren und sinnvolle Entwicklungen zu riskieren. Die ständige Auseinandersetzung mit sich selbst, mit der Natur und der sozialen Umwelt ist dann keine Qual, keine erlebte Ungerechtigkeit und Quelle von Kränkung mehr, sondern aktive Lebensgestaltung zwischen Anpassung und Emanzipation. Situative und subjektive Stimmigkeit im Kräftefeld der Möglichkeiten wird dann als lustvolles Erleben erfahrbar. So wäre ein wesentlicher beziehungskultureller Grundsatz zu erreichen: ein eigenständiges Leben in Bezogenheit!

«Eigenständigkeit in Bezogenheit» zu leben erfordert die permanente Auseinandersetzung damit, wie sich das Eigene in jeder Lebenslage bewahren lässt und dazu beitragen kann, die bestehenden Verhältnisse gegebenenfalls kritisch zu hinterfragen und ihre Veränderung zu bewirken und mitzugestalten. Diese lebenslange «Leistung» hat aber auch die zentrale Funktion, die eigene Identität zu wahren, zu entwickeln und immer wieder neu zu justieren, und trägt damit wesentlich zur Ausgestaltung der eigenen Lebenskurve bei.

«Eigenständigkeit in Bezogenheit» ist für eine Beziehungskultur die entscheidende Regulation zwischen Ich und Wir, zwischen Individuum und Gruppe, Bürger und Gesellschaft.

Wird die Entwicklung zur Eigenständigkeit behindert, zum Beispiel durch eine lieblose oder okkupierende Mangel-Mutter oder durch einen einschüchternden oder sich entziehenden Mangel-Vater, bleiben Abhängigkeit, Bedürftigkeit und Entfremdung dominant. Menschen mit unterentwickelter Eigenständigkeit verharren klammernd, saugend und passiv in Beziehungen, sie lassen sich scheinbar gut führen, aber ihre Anpassung ist Symptom einer Entwicklungsstörung, so dass jederzeit mit Erkrankung, quälender Unzufriedenheit und anklagenden Vorwürfen zu rechnen ist. Bei mangelnder Eigenständigkeit wird die Verantwortung gerne delegiert. Man erwartet vom Partner, beachtet und geliebt zu werden, vom Arzt, gesund gemacht zu werden, in einer Gruppe gut unterhalten zu werden, auf einer Reise animiert zu werden, bei Problemen beraten zu werden und natürlich vom Staat und seinen Sozialsystemen bestens gesichert und versorgt zu werden – ohne ein Bewusstsein der eigenen Behinderung zu entwickeln und die eigene Mitverantwortung für Beziehungen, Gesundheit, Amüsement und soziale Sicherung zu reflektieren. Und wenn sich etwa die Sozialleistungen dann als doch nicht so sicher herausstellen, wächst die Gefahr, die eigene Abhängigkeit in Beziehungen auszuleben und den Partner, die Freunde und Kollegen mit einer passiven, aber eben auch unzufriedenen Haltung zu quälen. Man sieht immer wieder Paare, die die ehemalige Mutter-Kind-Konstellation bis zur Verzweiflung ausleben: eine Frau, chronisch unzufrieden, ohne zu wissen, woher ihr inneres Unbehagen rührt, und ein Mann, der sich ständig um sie bemüht, ohne zu wissen, wer sein Bedienersyndrom verursacht hat. So ergänzen sich die beiden: Je mehr sie leidet, desto mehr will er sie aufheitern. Je mehr Angebote er macht, desto deutlicher muss sie ihre Enttäuschung demonstrieren. So glaubt er schließlich, er sei nicht gut genug, und sein Bemühen kann in Frustration, Abneigung und Rachegefühle umschlagen, die dann beispielsweise über eine Krankheit, mit Alkohol oder einer Geliebten ausagiert werden. Sie hingegen glaubt schließlich, ihr Partner sei der Falsche, sie straft ihn mit zunehmender Verachtung, erkrankt, hält sich an den Kindern schadlos oder «emanzipiert» sich zur Männerhasserin in entsprechenden sozialen Rollen.

VIII. PARTNERSCHAFT ALS BASIS EINER BEZIEHUNGSKULTUR

Partnerschaft kann Paradies oder Hölle sein. Häufig schlittert man aus Verliebtheit in eine Beziehung oder klebt in Kampf und Hass aneinander. Beide Extreme sind Ausdruck des Ausagierens früher Störungen: Aus unerfüllter Sehnsucht wird ein Partner idealisiert oder zum Abreagieren eines Gefühlsstaus missbraucht. Im Spannungsfeld von Hoffnung auf den Partner und Enttäuschung über ihn oder sie bewegt sich aber fast jede Partnerschaft.

Partnerschaft hat eine wesentlich andere Bedeutung als Freundschaft. Mit einem Partner will man zusammenleben, also ein gemeinsames Lebenskonzept realisieren. Dafür gibt es gute Gründe: Gemeinschaft, Vertrautheit mit emotionalem Austausch, Sexualökonomie, Elternschaft, Arbeitsteilung, materielle und soziale Absicherung. Diese Aufgaben sind so gewichtig, dass sie nur in «Beziehungskultur» gelingen können. Zugleich sind sie die Herausforderung, eine Beziehungskultur in ihren Grundlagen und Grundsätzen zu leben.

Mit einem Freund dagegen muss man nicht zusammenleben. Ein Freund erfüllt andere Aufgaben, die – wenn auch sehr wichtig – in der Regel dem Status quo dienen, also dazu, einen bestehenden Zustand zu unterstützen und zu stabilisieren, nur selten hingegen dazu, ihn weiterzuentwickeln, und vor allem nicht dazu, ihn in Frage zu stellen. Der gute Freund ist der Kumpel zum Ausagieren, den man braucht, um sich abzureagieren und bestätigen zu lassen. Die Freundin oder der Freund als Klagemauer, als verschworener Mitwisser, als Unterstützer und Berater, als Helfer in der Not. Männerfreunde gehen zum Fußball, saufen gemeinsam, machen eine Bergtour, tauschen technisches Wissen und praktische Erfahrungen aus, lästern über Frauen und riskieren schon mal einen Besuch im Bordell. Frauenfreundinnen brauchen sich zum ständigen Austausch, trinken Wein oder Kaffee miteinander, um zu reden – über Kinder, Männer, Mode und die Lebensnöte –, sie schauen sich gern gemeinsam schöne Dinge an und beraten sich beim Kaufen von Klamotten und Kosmetik. Sie kochen gern zusammen und helfen sich gerne aus. Ich benutze bewusst solche Klischees, nicht nur, weil sie tatsächlich häufig vorkommen, sondern um deutlich zu machen, dass man den Freund bzw. die Freundin gerade bei bestehender Partnerschaft gut gebrauchen kann, um die Dinge zu tun und zu bereden, die eben mit dem Partner bzw. der Partnerin nur schlecht oder gar nicht möglich sind.

Der Freund ist der Ko-Narzisst, der gebraucht wird, um durch ihn bestätigt zu werden, sich mit ihm gut zu fühlen, angeregt und bereichert zu werden. So wechseln die Freunde im Laufe des Lebens je nach Situation, Entwicklung und Veränderung. Man verliert Freunde aus den Augen, behält sie aber meist in guter und dankbarer Erinnerung.

Mit Partnerschaften ist das anders. Wenn Freundschaften das Vergnügungsfeld im Rahmen vorhandener Begrenzungen sind, sind Partnerschaften das Kampffeld, um Entwicklung zu ermöglichen oder zu verhindern. Freundschaften stabilisieren die Möglichkeiten, auch die Störungen, Partnerschaften labilisieren die Möglichkeiten und reiben sich an den vorhandenen Störungen.

Das Schicksal einer Partnerschaft hängt entscheidend davon ab, ob die Folgen der Frühstörungen in der Partnerbeziehung ausgelebt werden oder im Sinne einer Beziehungskultur herausgehalten werden können. Die gute Partnerschaft könnte sogar die Beziehungsgrundlage liefern, um sich gegenseitig zu helfen, die frühen Beziehungsstörungen zu identifizieren, emotional zu verarbeiten und durch bessere Beziehungen zu ersetzen, ohne die Vergangenheit zu verleugnen und die zugefügten Wunden ungeschehen machen zu wollen. Im Wesentlichen geht es darum, den Partner so wenig wie möglich zur Übertragung und damit zur Wiederholung alter Erfahrungen zu missbrauchen oder sich in dieser Hinsicht missbrauchen zu lassen. Nach meiner Erfahrung ist aber genau dieser Missbrauch der häufigste Grund, eine Partnerschaft einzugehen: Entweder wird der Partner anstelle der ungeeigneten Eltern idealisiert und mit allen unerfüllten Sehnsüchten besetzt, oder mit dem Partner werden im Dienste des «Elternschutzes» die alten schlechten Erfahrungen ständig wiederholt und an ihm alle Enttäuschung, der Frust und Hass abgearbeitet, der in der Kindheit keinen Abfluss finden durfte. Dieses Benutzen des Partners als Enttäuschungs- und Hassobjekt kennt von sich aus kein Ende, da es nicht um die Verarbeitung des frühen Leides dabei geht, sondern um eine stellvertretende Abreaktion am Ersatzobjekt. Der Partner im Fadenkreuz der Rache, als Überdruckventil des Gefühlsstaus! Die Partnerschaft als Nebenkriegsschauplatz, ein Feld der Unehre, auf dem die nie gelebte Liebe immer wieder mit Getöse zu Grabe getragen wird. Die Partnerschaft als Liebesfalle.

Eine lebendige Partnerschaft braucht Beziehungskultur, sie kann nur mit den Basisfunktionen und Grundsätzen der Beziehungskultur gedeihen. Ich will im Folgenden «Regeln» für eine gelingende Partnerschaft entwickeln und darstellen und dabei auch Feststellungen treffen, die als pointierte Aussagen die Grundlagen einer Beziehungskultur auf der Partnerschaftsebene illustrieren sollen. Bei diesen Überlegungen gehe ich davon aus, dass viele Paare mit ihrer Beziehung bessere Verhältnisse anstreben und erhoffen, als sie sie vorher gekannt haben. Fast immer spielen in einer Paarbeziehung Sehnsucht und Wunschdenken eine zentrale Rolle. Daraus erwächst sehr viel Enttäuschungsleid, das bei einer nüchterneren Betrachtung der gemeinsamen Möglichkeiten und Grenzen vermieden oder vermindert werden könnte. Dabei gilt der Grundsatz: Eine im Sinne von Beziehungskultur geführte Partnerschaft ist immer weniger, als die aus der «Frühstörung» erwachsene Sehnsucht erhofft, zugleich aber auch immer mehr als eine Beziehungsrealität, die durch ständige Sehnsuchtsenttäuschung belastet wird.

Man kann es auch so sagen: Eine gute Partnerschaft bleibt in aller Regel in ihren Möglichkeiten umfassender Befriedigung recht bescheiden, kann aber in den verbleibenden Chancen gelingender Abstimmung sehr gute Gefühle ermöglichen, wenn die Folgen der Frühstörung halbwegs aus der Partnerbeziehung herausgehalten werden konnten.

Ich weiß aber auch, dass viele Paare deshalb zusammenleben und zusammenhalten, weil sie sich gegenseitig zum Abreagieren früher Affekte benutzen können und gerade darin ihre Stabilisierung erfahren. Die Partner sind dann ein eingespieltes Paar, das sich ständig verletzen, kränken, beschämen, belehren, enttäuschen und betrügen kann, um ein «Schlachtfeld» für das Austragen der verdrängten und verleugneten, unbewusst gewordenen seelischen Erfahrungen aus früher Kindheit zu haben. Beide Partner sind dann immer etwa gleichwertig beteiligt und oft wie Schloss und Schlüssel – kollusiv – ineinander verstrickt. Auch wenn nach außen der eine Partner, etwa die leidende, vernachlässigte, unverstandene Frau, das scheinbare Opfer eines gefühllosen, egoistischen und arbeitssüchtigen Mannes sein mag, so wird bei tiefenpsychologischer Betrachtung schnell deutlich, wie die Frau mit ihrem Leiden und ihren Vorwürfen den Mann quält und der «Täter» mit seinem Verhalten eine tiefe Bedürftigkeit abwehrt und eigentlich Lob und Anerkennung sucht, die ihm seine Frau verweigert. Je stärker sie ihm Vorwürfe macht, desto mehr wird er sich aus zunehmender Enttäuschung verhärten und wenigstens in seiner Arbeit Erfolge suchen, und je stärker er sich auf diese Weise ihrer Bedürftigkeit entzieht, desto mehr wird sie klagen und enttäuscht sein. Nach solchen Mustern ist eine große Zahl von Partnerschaften «gestrickt». Dadurch, dass sie sich permanent aneinander reiben, unterstützen sie sich gegenseitig dabei, das an die Substanz gehende frühe Leid zu verleugnen und doch etwas davon aggressiv-rächend abzuführen. Nur, es trifft den Falschen! Auf tragische Weise werden die Fehler und Schwächen des Partners benutzt, auch provoziert und somit verstärkt, um sie auf diese Weise aufgebauscht als Begründung und Rechtfertigung für das eigene Fehlverhalten zu benutzen. Damit wird mit Sicherheit alle liebevolle Zuneigung und verständnisvolle Übereinstimmung zerstört, und die Gefahr, dass das frühe Defizit deutlich hervortritt, ist einmal mehr gebannt.

Zugegeben, es gibt Beziehungen voller Hass und Verachtung, bei denen es schwerfällt, in den zugefügten Verletzungen einen tieferen, schützenden Sinn zu entdecken. Andererseits bleibt es noch unverständlicher, weshalb die Partner sich so zurichten und doch zusammenbleiben. Da reichen auch Kinder, gemeinsame Schulden und moralisch-religiöse Motive als Begründung nicht aus. Allein die bedrohlichen Verletzungen der Frühgeschichte machen einen Ehekrieg verständlich, der zugleich Abwehr und Ersatz bietet.

Bei der häufigsten Spielart der partnerschaftlichen Abwehr wird der frühe Gefühlsstau zumeist in ganz kleinen Portionen abreagiert, die Beziehung wird dadurch chronisch vergiftet, ohne dass es zu spektakulären Szenen kommt. Auf diese Weise können auch Inseln des Verstehens erhalten bleiben, ohne dass das Kampffeld geräumt wird. So höre ich von Paaren etwa oft, dass sie sich sexuell gut verstünden, alles andere aber nicht mehr funktioniere. Auch das Gegenteil ist möglich: Wir verstehen uns so gut, nur mit der Sexualität klappt es überhaupt nicht mehr! Die Spaltung von Sex und Beziehung ist eine häufige Möglichkeit, belastende Früherfahrungen und gegenwärtige Beziehungschancen voneinander zu trennen, von beiden etwas auszuleben, tieferen Kontakt mit den frühen Defiziten jedoch zu vermeiden. Auf diese Weise funktionieren auch Nebenbeziehungen mit Geliebten oder Huren.

Zur Illustration der scheinbaren Harmlosigkeit und «Normalität» gebe ich einige Alltagsszenen wieder:

1.
Sie blickt ohne erkennbaren Grund traurig.
Er fürchtet insgeheim, daran schuld zu sein.
Er: Hast du was?
Sie: Was hast du schon wieder mit mir?
Er: Ach, nichts!
Sie: Dann lass mich doch in Ruhe!
Er zieht sich enttäuscht zurück mit dem Gefühl, Unrecht zu erfahren, und findet sie unerträglich.

Die Klärung der Beziehung ergibt: Sie schaut (unbewusst) traurig, um ihn zu provozieren, sich um sie zu kümmern. Aber da sie wirkliche Zuwendung nie erfahren hat, muss sie seinem Interesse an ihr (wie wir gleich sehen werden, zu Recht) misstrauen und ihm eine Abfuhr erteilen. Sie kann auf diese Weise ihre frühe Zuwendungsbedürftigkeit und ihre Enttäuschungsaggression ausagieren.

Er glaubt, wie er es bei seiner Mutter erfahren hat, dass er an der Verstimmung seiner Partnerin schuld sein könnte, und möchte herausfinden, ob er etwas tun kann, um sie aufzuheitern. Er reagiert also in Übertragung, ohne seine Partnerin wirklich zu meinen. Indem sie ihn abfahren lässt, kann er sich wieder unverstanden und enttäuscht zurückziehen. Auf diese Weise reinszeniert er das vergebliche Bemühen um die Mutter (mit dem bekannten Ergebnis des Gefühls der Unzulänglichkeit) und verschiebt seine Enttäuschungsreaktion auf die Partnerin. Das heißt, mit seiner «scheinheiligen» Frage: «Hast du was?» will er sie (unbewusst) zum Opfer seiner Enttäuschungsaggression machen, die er der Mutter nie hätte zeigen dürfen.

2.

Auf einer Wanderung, in einer Gruppe

Er: Was ist das für eine Blume?

Sie: Eine Nelkenart.

Er: Du kennst sie wohl nicht näher?

Sie: Habe ich nicht im Garten.

Er: Ich dachte, du weißt das!

Nach einer kurzen Gesprächspause

Sie: Was hast du denn heute alles im Rucksack?

Er: Hemd, Pullover, Anorak, Schirm, Wasser.

Sie: Meine Güte, bist du ausgerüstet – hast wohl den Wetterbericht nicht gehört? Es bleibt schön.

Er: Und dennoch, man kann ja nie wissen.

Sie: Dann musst du dich halt schleppen.

Das Gespräch war offenbar auch für die Begleiter gedacht. Beide benutzen die Situation, um sich vor den anderen abzuwerten und zu beschämen. Die kleinen Schwächen des anderen werden zum Gegenstand der Verachtung und auf diese Weise als Vehikel für die Abreaktion von alten Kränkungen benutzt.

3.

Im Urlaub

Sie: Was machen wir denn heute?

Sie weiß nicht, was sie machen könnte, und wartet wie gewohnt, dass er was vorschlägt.

Er: Lass uns Rad fahren.

Sie willigt ohne Begeisterung ein, das möchte sie eigentlich nicht, jetzt wird ihr klar, dass sie lieber an den Strand gehen würde. Sie trödelt, wird nicht fertig, ihr fällt noch dies und jenes ein, sie sagt aber nichts.
Er: Nun komm doch endlich!
Sie: Nerv mich nicht, ich beeile mich ja schon.
Er *(Minuten später):* Ich fahr jetzt los!
Sie: Ach, du willst mich wohl nicht mitnehmen?
Er: Jetzt geht das schon wieder los!
Sie: Hör auf!
Er: Mir vergeht allmählich der Spaß!
Sie: Da fahr doch alleine. Das wolltest du doch sowieso.
Er: Immer dasselbe!
Beide fahren verstimmt und verärgert los.

Ein klärendes Gespräch macht deutlich, dass sie sich in ihrer Unsicherheit und Ratlosigkeit, was sie mit sich anfangen soll, an ihn wendet und Hilfe erwartet, aber nur widerwillig mitmacht, was er vorschlägt. (Der innerseelische Konflikt lautet: Ich darf keine eigenen Wünsche haben, weil ich dann Ablehnung erfahre.) Mit ihrem Zugeständnis an eine eigentlich nicht gewünschte Aktivität wird ihre alte (berechtigte!) Kränkung und Aggression aufgrund der erfahrenen Unterdrückung eigener Ansprüche aktiviert, nun aber (unberechtigt) am falschen «Objekt» abreagiert. So verliert sie ein paar schöne Urlaubsstunden mit ihrem Partner.

Er entwickelt – wie gewohnt – Ideen. Er weiß, ohne es sich bewusst zu machen, dass sie nicht gerne Rad fährt. Ihren Widerstand erlebt er aber als Missachtung seiner Bemühungen um die Urlaubsgestaltung. (Sein innerseelischer Konflikt lautet: Ich muss mich immer anstrengen, weil ich sonst nichts wert bin.) Er verzweifelt an der relativ harmlosen Situation und möchte sie jetzt tatsächlich am liebsten los sein. Damit hätten sich ihre frühe Ablehnungserfahrung und seine frühe Wertlosigkeitsangst im Hier und Jetzt auf Kosten der Partnerschaft wieder erfüllt.

1. Wut, Schmerz und Trauer sind auch der Humus für Beziehungsglück

Der Grundsatz «keine Lust ohne Schmerz und Trauer» entscheidet in der Partnerschaft darüber, ob die Beziehung als Therapeutikum zur gegenseitigen Hilfe gegen die Folgen von Frühstörungen oder zu deren Chronifizierung benutzt wird. Die Chronifizierung im Dienste des «Elternschutzes» und die Ablenkung des längst verinnerlichten Leides auf den Partner werden unbewusst vollzogen, wobei beide Partner etwa gleichwertig – aber durchaus verschiedenartig – daran beteiligt sind. Um der Partnerschaft dagegen einen «therapeutischen» Wert zu geben, bedarf es auf beiden Seiten einer Einsicht in die eigene Problematik, verbunden mit dem Bemühen, Übertragungen und Projektionen auf den Partner zurückzunehmen, stattdessen über die eigenen Defizite und Verletzungen zu trauern und miteinander bewusst neue Beziehungsmöglichkeiten auszuprobieren und einzuüben. Eine bessere Partnerschaft wird im Wesentlichen nicht durch einen anderen Partner ermöglicht, sondern in erster Linie durch die Erfolge eigener Einsicht und Veränderung. Das Prinzip, dass Entwicklungen und Verbesserungen nicht von außen kommen, sondern nur von innen möglich sind, ist eine zentrale Voraussetzung für Beziehungskultur. Partnerschaft heißt demnach: Arbeit an der Beziehung. Natürlich gibt es Partner, die diese gemeinsame Arbeit erleichtern oder erschweren, die hilfreich mitarbeiten oder sich widersetzen bzw. entziehen. Das ändert nichts am Prinzip der eigenen Arbeit – Einsehen, Fühlen, Kommunizieren, Üben –, die einem kein Partner der Welt abnehmen kann. Entfernt sich jedoch einer der beiden Partner in seinen Bemühungen um Reifung und Entwicklung zu sehr von dem anderen, wirkt er auf diesen schnell bedrohlich und ängstigend, weil er dessen Abwehr ganz automatisch, also auch ohne dies ausdrücklich zu beabsichtigen, angreift und in Frage stellt. Mit den wachsenden und am Ende nicht mehr überbrückbaren Unterschieden im Bemühen um eine gemeinsame Beziehungskultur in der Partnerschaft reift das Recht auf Trennung, um zu einer Partnerschaft mit gleicher Veränderungsbereitschaft zu finden.

Im Grunde genommen lassen sich Partnerschaften in zwei Kategorien einteilen:

Erstens: Eine Partnerschaft im gemeinsamen – aber zumeist unbewussten – Bemühen, die Frühstörungen zu verbergen und ihre Folgen kollusiv zu stabilisieren. Dann ist die Partnerschaft wie eine «Festung» gegen Einsicht und Veränderung. Eine solche Beziehung kann sehr viel Sicherheit, Struktur und Stabilität ermöglichen, allerdings auf Kosten der individuellen Entwicklung, was sich durch Krankheiten, durch Störungen bei der Entwicklung der Kinder oder im feindseligen Ausagieren gegen Dritte äußern kann. Wenn ein Partner die «Wagenburg» verlässt, gerät der andere in aller Regel in eine schwere Krise. Spätestens dann wird die gegenseitige Abhängigkeit im Dienste der Abwehr der frühen Wahrheit spürbar, und die Trennungs-, Verlust- oder Verlassenheitsproblematik führt häufig zu schweren depressiv-suizidalen, psychosomatischen und Angstkrisen. Eine individuelle Entwicklung ist in dieser Partnerschaftsform sehr schwer, da zu den eigenen Ängsten und Schwierigkeiten die Widerstände des Partners hinzukommen, so dass – wenn man so will – eine zweihundertprozentige Problematik aufzulösen wäre.

Zweitens: Im Gegensatz zur kollusiven Partnerschaft steht eine Partnerschaft im Zeichen einer Beziehungskultur, die auf den hier beschriebenen Grundlagen und Grundsätzen beruht.

Wenn keine gemeinsame Arbeit an der Beziehung mehr gelingt und die Chronifizierung der Störungen droht, würde ich sogar von einer Pflicht zur Trennung sprechen. Denn mit dem Festhalten an einer qualvollen Beziehung macht sich jeder der beiden schuldig, nicht nur sich selbst, sondern auch dem Partner die Entwicklungschancen zu erschweren. In der Regel werden dann auch die Kinder, soweit vorhanden, zu Opfern der Trennungsangst der Eltern.

Wenn die Arbeit an der Beziehung zur Lust an der Beziehung führen soll, muss jeder der beiden Partner die eigene Behinderung hinsichtlich seiner Beziehungsfähigkeit erkennen und die Begrenzung der Beziehungsmöglichkeiten in der Partnerschaft akzeptieren. Auf diese Weise werden unerfüllbare Erwartungen an den Partner zurückgenommen und unweigerliche Enttäuschungen vermieden. Die Beziehung wird nüchterner, aber auch realistischer. Die guten Möglichkeiten der Verständigung, des gemeinsamen Erlebens, der gelingenden Zusammenarbeit und lustvoller Sexualität können dann dankbar angenommen und ausgestaltet werden. Ein solcher Reifeschritt ist meiner Erfahrung nach ohne Schmerz und Trauer über die begrenzten und verlorenen Möglichkeiten nicht zu haben. Und man darf ihn sich auch nicht als einen abschließbaren Prozess vorstellen, sondern es handelt sich um eine emotionale Verarbeitung des Unabänderlichen, die immer wieder aufs Neue zu leisten ist, Offenbar können sich die Menschen damit nur schwer abfinden.

2. *Gute Partnerschaft kennt keine Enttäuschung*

Der Grundsatz «Handeln erst nach dem Fühlen» schafft die entscheidende Entlastung für die Beziehung. Die Einstellung «Jeder trage des anderen Last» führt hingegen fast immer zu Enttäuschungen und in der Folge zu Streit und Vorwürfen. Eine gerechte Lastverteilung ist praktisch kaum möglich und scheitert vor allem an den unbewussten «Gewichten», die dem anderen leicht aufgebürdet werden. Dagegen sehe ich das Bemühen, die eigene Last mit ihrer Geschichte, in ihrer Form und Auswirkung zu erkennen, fühlend zu erden und auf diese Weise die Beziehung damit eben nicht zu belasten, als wesentliche Voraussetzung für gelingende Partnerschaft. Natürlich sollte man den Partner über das eigene Innenleben informieren, und der gute Partner wird zuhören, verstehen wollen und die unvermeidlichen Affekte aushalten. Beide sind sich jedoch im Klaren, dass der andere nicht Ursache noch Adresse der bitteren Begrenzungen und Verletzungen ist.

So lautet die Formel der Beziehungskultur: «Jeder trage seine eigene Last!» Partnerschaft ist nicht dazu da, den unschuldigen Partner für das eigene Schicksal zu bestrafen oder ihn so zu behandeln, dass er sich auch «strafbar» macht. Partnerschaft kann vielmehr die beste – weil vertraute und eingespielte – Form der Beziehung sein, um die Last des anderen zu verstehen, zu bezeugen und ihre emotionale Verarbeitung zu unterstützen.

Sich bei der Notwendigkeit zu unterstützen, für die eigene emotionale Last immer wieder Zeit und Raum zu finden und dafür Begleitung anzubieten, schafft eine sehr vertrauensvolle und dankbare Grundlage für eine gute Beziehung. Den weinenden Partner in den Armen zu halten, die Entladung von Wut zu unterstützen und zu beschützen sind großartige Erfahrungen tiefster mitmenschlicher Verbundenheit. So weiß jeder der beiden, wie es in der seelischen Tiefe des Partners aussieht, und kann mit ihm die Entstehungsgeschichte seiner seelischen Blessuren verstehen lernen. Beide können herausfinden, wann und in welcher Form sie dazu neigen, den Partner und damit die Beziehung zu beschuldigen und zu belasten. Sie können Zeichen vereinbaren, die sie dem anderen geben, wenn er in das alte Schema zurückfällt, auszuagieren, ohne zu fühlen. Mit der Zeit kann Vertrauen in die vereinbarten Signale wachsen. Dann wird es möglich, schneller aus den partnerschaftlichen Beschuldigungen, Vorwürfen und Kränkungen wieder herauszufinden und den Affektdruck stattdessen «auf die Matte» zu bringen. Es ist erstaunlich, wie schnell sich selbst schwere Verstimmungen aufgrund realer Konflikte auflösen lassen, wenn das ihnen zugrunde liegende frühe Erlebnismuster aufgespürt werden kann.

Deshalb der Rat: Gehst du zum Partner, vergiss «die Matte» nicht! Lass dich auf deine Gefühle ein, bevor du Entscheidungen triffst und handelst. Auf diese Weise sind realistische Einschätzungen und klare Ansagen möglich, und Enttäuschungen werden überflüssig.

Jede Enttäuschung setzt eine Täuschung voraus. Diese erwächst in aller Regel aus einer Denkleistung, die mit dem Zweck der Abwehr unlustvoller Gefühle die Realität verzerrt. Wer fühlt und auf diese Weise klärt, wie die eigene Realität beschaffen ist, kommt zu klaren Entscheidungen und damit zu klaren Ansagen. Mit einem gleichrangigen Partner sollten Absprachen dann gut möglich sein. Macht einer der beiden sich hingegen vom anderen abhängig, so dürfte dies schwerer fallen, weil die klaren Ansagen dann nicht unbedingt verstanden und akzeptiert werden, Verhandlungen nur schwer gelingen und Vereinbarungen nicht eingehalten werden. Dann bleibt der Kontakt zu sich selbst die einzige Möglichkeit, hilfreiche Grundlagen für eine Beziehung zu schaffen. Über das Bleiben oder Gehen muss am Ende die Reflexion über die sich daraus ergebenden Konsequenzen entscheiden.

Die wesentlichen Fragen in einer Partnerschaft sind nicht Informations- oder Wissens-, sondern Beziehungsfragen. Im Grunde genommen hat es aber wenig Zweck, sie dem Partner zu stellen, da man sie eigentlich nur selbst beantworten kann. Natürlich ist es oftmals leichter, fragend und hinterfragend die Verantwortung auf den Partner zu schieben und sich hinter einer Frage zu verstecken. Aber genau das ist der sicherste Weg in die Übertragung, das heißt in die Wiederbelebung früher Beziehungsstörungen innerhalb der Partnerschaft. Der andere kann sich dann weiterhin damit begnügen, sich abhängig zu machen, Streit zu provozieren oder insgeheim Widerstand zu leisten. Deshalb sollte man hinsichtlich partnerschaftlicher Angelegenheiten auf Fragen eigentlich ganz verzichten und die Kommunikation auf die jeweiligen Aussagen beschränken, die dann die Grundlage für Verhandlungen und Vereinbarungen bilden. Die reife Beziehung lebt von Aussagen, die problematische Partnerschaft quält sich mit Fragen.

3. Kein Partner für alles

Der Grundsatz «Akzeptanz der Begrenzung» führt in der Partnerschaft zu der an sich selbstverständlichen Überzeugung, dass kein Partner für alle Interessen und Bedürfnisse, die der andere hat, zur Verfügung stehen kann. Diese einleuchtende Feststellung wird aber gerne verleugnet und eine Allround-Übereinstimmung und -Verfügbarkeit erwartet. Dies ist ein sicherer Hinweis auf eine frühe Mutterübertragung; denn nur eine Mutter kann anfangs eine Vollversorgung und -befriedigung ermöglichen. Der so häufige Mangel befriedigender Mütterlichkeit soll später vom Partner aufgefüllt werden, was den sicheren Weg in ein Ehegefängnis bedeutet.

Partnerschaft heißt immer Übereinstimmung *und* Differenz, Erfüllung *und* Begrenzung. Jeder Mensch ist gut beraten, neben seiner Partnerschaft noch gute Freunde oder wichtige Bezugspersonen zu haben, mit denen man Interessen und Bedürfnisse teilt, deren Gestaltung und Ausleben innerhalb der Partnerschaft nicht möglich sind. Solche Bezugspersonen können auch die so wichtige Funktion des «Dritten» erfüllen, mit dem reflektierte

Gespräche über die Partnerschaft und damit die Einnahme einer Außenperspektive möglich werden. Die dritte Person wird selten neutral bleiben, sollte aber möglichst nicht parteiisch eigene Interessen verfolgen. Als «Müllkippe», «Klagemauer» oder «Zeuge» von Gefühlsprozessen ist der «Dritte» natürlich äußerst wertvoll; denn er hilft, mögliche auf der Frühstörung basierende Affekte abzureagieren, bevor sie in Partnerschaftskonflikten zum Tragen kommen.

Ich kenne viele unglückliche Paare, bei denen die Partner ausschließlich aufeinander bezogen sind und alles nur voneinander erwarten. Häufig wagen sie dann auch keinen Schritt mehr alleine und besprechen alles bis ins Kleinste, vermeiden dabei allerdings zumeist internale Offenheit. Sie bilden nach außen eine Art Schutz- und Trutzburg, leben aber nach innen in einer sehr engen und rigiden Eigenwelt und verstärken gegenseitig ihre Abwehr tieferer Erkenntnis und Entwicklung. Auf diese Weise werden wesentliche individuelle Eigenschaften vernachlässigt und kommen nicht zur Entfaltung. Beschwerden oder wachsende Unzufriedenheit mit der Partnerschaft weisen dann auf diesen Prozess der wechselseitigen Behinderung hin. Stirbt einer der Partner oder verlässt den anderen, kommt es fast regelmäßig zu einer schweren Krise; denn die partnerschaftliche Zwillingssituation ist nun verloren gegangen, und die Fragen nach der eigenen Lebenskurve und dem individuellen Lebenssinn werden wieder in bedrängender Form virulent.

Beziehungskultur in der Partnerschaft erfordert einerseits die Entwicklung und Entfaltung der individuellen Gegebenheiten, das Wissen um die Verschiedenheit beider Partner und die Akzeptanz der begrenzten gemeinsamen Möglichkeiten. Liebe kann nicht verlangt werden. Treue ist kein Gesetz. Respekt erwächst nur aus Erfahrung. Verantwortlichkeit muss verhandelt werden. In jeder Partnerschaft sollten die Regeln der Beziehung vereinbart werden; wichtige Voraussetzungen dafür sind das Wissen um die individuellen Bedürfnisse, die emotionale Verantwortung für die eigenen Begrenzungen und klare Ansagen. So dürfte jeder Mensch eine eigene Einstellung zur «Treue» haben. Was ist damit wirklich gemeint? Sexuelle Monogamie? Vereinbarungsverlässlichkeit? Emotionale Offenheit und Echtheit? Verletzt ein Partner die Treue mehr, wenn er mit jemand anderem Sex ohne wesentliche Beziehung hat oder wenn er ohne Sex zu einem anderen eine intensive emotionale Beziehung unterhält, die ihm mehr bedeutet als die Partnerschaft? Was ist eigentlich Fremdgehen? Betrifft es nur die Genitalien oder auch die Herzen, die Köpfe, also die Gefühle und Gedanken? Wo beginnt der Betrug? Im Denken? Im Bett? Bei finanziellen und materiellen Unredlichkeiten? Häufig als Waffe benutzte Worte wie Liebe, Treue, Verlässlichkeit, Betrogenwerden und Fremdgehen stellen ein Tummelfeld für das Ausagieren früher Liebessehnsüchte und hasserfüllter Enttäuschungen dar. Forderungen und Anschuldigungen, die aus Frühbedürftigkeit herrühren, machen aus einem Partner schnell einen Sklaven der Beziehung und einen Kampfpartner auf einem Schauplatz, der bei aller Relevanz des realen Konflikts letztlich ein Nebenkriegsschauplatz ist.

Gute Partnerschaft kann nur durch Verhandlungen auf der Grundlage von Wahrnehmung, Fühlen und offener Kommunikation gelingen. Dann wird deutlich:

— Wir sind verschieden.
— Unsere Möglichkeiten bleiben begrenzt.
— Der Partner bleibt immer auch ein Fremder.
— Beziehung ist Verhandlungssache.
— Nichts ist selbstverständlich.
— Der Partner gehört mir nicht.
— Partnerschaft heißt ständige Arbeit an der Beziehung.

4. Partnerschaft als «Geschäftsbeziehung»

Um den Grundsatz «Eigenständigkeit in Bezogenheit» in einer Partnerschaft realisieren zu können, sind beide gefordert, etwa gleichwertige Verantwortung für die Beziehung zu übernehmen und für jeden eigenen Vorteil dem Partner einen vergleichbaren Ausgleich zuzugestehen. Kein Partner ist für den anderen verantwortlich, aber jeder für die Beziehung!

Natürlich kann ich in einer guten Partnerschaft darum bitten, dass der andere für mich da ist, mir zuhört, sich um Verständnis bemüht, mir hilft, mich unterstützt, hält, streichelt, massiert, sexuell zur Verfügung steht, mir Arbeit abnimmt, Aufgaben übernimmt und auch für mich zahlt. Nur selbstverständlich ist das alles nicht – und vor allem nicht ohne Gegenleistung. Wer glaubt, dass die Liebe für alle Kosten aufkommt, der irrt grundsätzlich. Um sich nichts vorzumachen, ist es sowieso besser, in einer Partnerschaft nicht unbedingt von Liebe zu sprechen, sondern davon, dass man sich gut versteht, dass man sich gut einigen und absprechen kann, sich auch gut aufeinander verlassen kann. Wenn dies alles möglich ist, dann mag man sich auch, macht bestätigende Komplimente, wendet sich dem Partner liebevoll zu und ist mit ihm gerne zusammen. Die Zuneigung beruht auf einem in etwa ausgewogenen Hin und Her, auf Geben und Nehmen ohne große Aufrechnungen. Gute Partner sind gewissermaßen seriösen «Geschäftsleuten» vergleichbar, die zum gegenseitigen Vorteil, ohne Absicht der Übervorteilung oder gar des Betrugs ihre gemeinsamen Angelegenheiten regeln! Um dies zu erreichen, muss man klar sagen, was man will und was man zu bieten hat, muss klar Ja oder Nein sagen, muss verhandeln und Kompromisse schließen. «Vertragstreue» schafft eine gute Basis für Vertrauen, Toleranz und Freigebigkeit. Alle Grundlagen der Beziehungskultur sind dabei gefordert: zuzuhören, verstehen zu wollen, klare Ansagen zu machen, zu verhandeln und unvermeidbare Begrenzungen und Enttäuschungen emotional zu verarbeiten. Jeder ist eben auch anders, hat andere Bedürfnisse, andere Rhythmen, andere Vorlieben, andere Ängste und Unsicherheiten. Eine gute Partnerschaft wächst nicht aus der gegebenen Übereinstimmung oder Ergänzung, sondern aus der redlich erarbeiteten und verhandelten Gemeinsamkeit unter Berücksichtigung der Verschiedenheit. Nur eine Partnerschaft, die auf diese Weise Eigenständigkeit in Bezogenheit lebt, bleibt lebendig, abwechslungsreich, bringt neue Erfahrungen und ermöglicht eine gemeinsame Entwicklung.

Die häufiger anzutreffenden Gegenmodelle sind zum einen die uns schon bekannten kollusiven Partnerschaften, deren Partner mit ihren Störungen wie Schloss und Schlüssel zusammenpassen und sich damit ständig verschließen und vor allem deshalb aneinander festhalten, um gemeinsam das Erinnern, Fühlen und Verstehen der eigenen Lebensgeschichte zu verhindern. Und es sind zum anderen die ebenfalls bereits beschriebenen Kampfpartnerschaften, in denen der Partner in einem ewigen quälenden Auf und Ab als Ersatz für Hoffnung, Liebe, Enttäuschung und Hass herhalten muss.

Wer die «Geschäftsbeziehung» als Grundlage seiner Partnerschaft akzeptiert, nimmt auch die Regeln an, die zu Erfolg versprechenden und expandierenden Geschäften dazugehören: Verantwortung, Redlichkeit, Arbeit und gegenseitige Hilfsbereitschaft. Dies vorausgesetzt, kann die Partnerschaft von der gängigen Erwartung und Projektion von «Liebe» frei gehalten werden. Die wesentlichen Kriterien für Liebe, die wir haben – selbstlos für das Wohl des anderen zu sorgen bzw. zu erwarten, dass man um seiner selbst willen geliebt werde –, lassen erkennen, wo solche Liebe einzig wirklich erwartet werden kann und auch berechtigt ist: nämlich in der Beziehung der Eltern zu ihren Kindern! Und hier schließt sich der Kreis: Die von den Eltern nicht geschenkte Liebe, also die verlorene Liebe, lässt sich nur als Verlust betrauern, aber man kann sie nicht mehr nachträglich von einem Partner bekommen. Solange man jedoch in dieser irrationalen Hoffnung und Erwartung zusammenlebt, so lange zerstört man sich mit Sicherheit auch die wohltuenden, genussreichen und bestätigenden Stunden erarbeiteter Übereinstimmung und lustvollen Miteinanders.

Die sicherste Beziehungsbasis ist einander zu brauchen. Sie erwächst aus dem Bewusstsein eigener Bedürftigkeit und Sehnsucht, ohne vom Beziehungspartner zu erwarten, dafür «unentgeltlich» zur Verfügung zu stehen. Sich-Brauchen geschieht in der Verantwortlichkeit wechselseitigen Nehmens und Gebens. «Ich liebe dich, weil ich dich brauche!», ist eine passable Formel. «Und ich bin bereit, mich auch von dir gebrauchen zu lassen oder anderweitig zu ‹bezahlen› für deine Beziehungsdienste.» So wird die liebevolle Beziehung auf eine «Geschäftsgrundlage» gestellt, deren Qualität aus der Redlichkeit der Vereinbarungen und «Verträge» erwächst und ohne Übervorteilung auskommt.

Das wechselseitige Sich-Brauchen beruht auf wesentlichen Fähigkeiten der hier gemeinten Beziehungskultur: dem Wissen um die eigene frühe Not, der Akzeptanz der Unerfüllbarkeit der frühen Defizite, klaren internalen Aussagen in offener Kommunikation, Verhandlungsbereitschaft und Vertragsehrlichkeit. Es geht um übertragungsfreie oder -arme Beziehungen, in denen man das Gegenüber nicht mehr in unbewusster Tiefe mit Mutter oder Vater verwechselt und die prägenden ersten Beziehungserfahrungen in ihrem Mangel oder ihrer Verlogenheit und Traumatisierung enttarnt hat.

Wer also sagt: «Ich liebe dich!», meint fast immer: «Ich brauche dich!» Und wer jene Frage stellt, die die verborgene Sehnsucht zumeist erpresserisch transportiert: «Liebst du mich?», kann als redliche Antwort nur zu hören bekommen: «Nein! Aber ich brauche dich.» Und wer mit dem Vorwurf arbeitet: «Du liebst mich nicht mehr!», sollte gesagt bekommen: «Ja, stimmt. Lass uns darüber reden und uns verständigen, was wir füreinander tun können.»

IX. GLÜCK UND LEID DURCH PARTNERSCHAFT

Partnerschaft ist eine der besten Möglichkeiten, sich und den anderen vor den Folgen erlittener Frühstörungen zu schützen und damit auch Erkrankungen zu verhindern. Aber Partnerschaft ist auch eine der häufigsten Konstellationen, um die Folgen der Frühstörungen unbewusst zu halten, durch die Beziehung zu verstärken und damit zu chronifizieren. Dies erhöht auch das Risiko zu erkranken. Besonders tragisch ist, dass dabei der ursprüngliche Liebespartner allmählich, aber sicher zur Abreaktion des erlittenen frühen Leides missbraucht wird. Die Fehler und Schwächen des Partners oder auch nur das, was nicht zusammenpasst, werden benutzt, um für die aufgestauten Affekte endlich einen Grund zu haben. Meistens wissen beide nichts von den schon mitgebrachten innerseelischen Defiziten und Verletzungen, für die der Partner jetzt herhalten muss. Im Stadium der Verliebtheit erscheint der Partner wie die ideale Mutter oder der ideale Vater, und später machen sich die Partner in langen Jahren erkalteter Liebe oder hasserfüllter Verfolgung gegenseitig zu Opfern ihrer Not.

Partnerschaft ist *die* Institution, in der Übertragungen – Beziehungsreinszenierungen aus der prägenden Frühgeschichte mit Mutter und Vater – aufblühen können. Die durchschnittlichen Partnerschaften leben von Übertragungen. Ohne Übertragungen keine Partnerschaft! Wir werden uns also mit der Frage zu beschäftigen haben, ob es überhaupt Partnerschaft ohne Übertragungen gibt und wie eine solche Beziehung aussieht.

Auch therapeutische Beziehungen leben von Übertragungen. Eine relative Neutralität des Therapeuten soll dabei helfen, Beziehungsmuster des Patienten zur Entfaltung zu bringen, mit dem Ziel, sie zu identifizieren, in ihrer Entstehungsgeschichte zu verstehen, mit den gegenwärtigen realen Verhältnissen abzugleichen und dabei Idealisierungen zu enttäuschen sowie negative Übertragungen zu klären (gerechte Kritik zu bestätigen und übertriebene Abwertungen zurückzuweisen). Die Auflösung der Übertragungen ist die wichtigste therapeutische Aufgabe. Dabei sind Gefühlsprozesse sehr hilfreich und praktisch unvermeidlich.

Wir kennen in therapeutischen Beziehungen den Widerstand gegen Übertragungen und den Widerstand gegen die Auflösung von Übertragungen. Der Widerstand gegen Übertragungen entsteht vor allem, wenn Therapeut und Patient nicht ohne weiteres kollusiv zusammenpassen, wenn der Therapeut aufgrund seines Geschlechtes, seines Alters, seiner Persönlichkeitsstruktur es dem Patienten schwer macht, frühe Beziehungsmuster übertragend zu wiederholen. Dann stimmt «die Chemie» nicht, man versteht sich schlecht, erlebt Antipathie oder Angst und Bedrohung, wenn vom Therapeuten ein bislang unbekanntes Beziehungsangebot ausgeht.

Zu Anfang wird ein Therapeut sich also für Übertragungen zur Verfügung stellen müssen. Die Kunst seiner Arbeit besteht in der Art und Weise, in der er hilft, Übertragungen aufzudecken, zu differenzieren und aufzulösen.

Der Widerstand gegen die Auflösung der Übertragung entspricht den typischen Partnerschaftsproblemen. So wie ein Partner soll der Therapeut die ideale Beelterung nachholen oder zum Kampf, zum Ärger, zur Bedrohung und zur Abwertung herhalten. Therapie hat dann die Aufgabe, diese Fehleinschätzungen in einem mühevollen Miteinander zu klären. Ein mögliches, aber wichtiges therapeutisches Ziel kann auch sein, zu erkennen, dass man ohne Übertragungen nicht gut leben kann. Dann besteht der Reifeschritt darin, gut zu wissen, wann man den Partner als «Mutter» oder «Vater» braucht, um darüber auch kommunizieren und verhandeln zu können.

In Partnerschaften findet diese Arbeit an und in der Übertragung in der Regel nicht statt. Im Gegenteil: In Partnerschaften konstituieren Übertragung und Gegenübertragung die Beziehung, um verborgene Beziehungswünsche und -ängste abzuwehren und um Leid, Schmerz, Wut, Enttäuschung, aber auch Stolz, Freude oder Anerkennung auf den Partner zu projizieren. Partnerschaften sind häufig ein Übertragungsschlachtfeld und manchmal auch ein Übertragungsfest.

Damit ist Partnerschaft eine externalisierte Abwehrform gegen frühe Not. Ihre Kampf- und Streitdynamik bzw. die hysterisierende Begeisterung füreinander lässt sich als neurotisierter Widerstand gegen die Wahrnehmung und emotionale Erschütterung der Frühstörungsgeschehnisse verstehen. Wie wir seit Jörg Willi wissen, wird Partnerschaft zumeist als kollusive Beziehung zur gemeinsamen Abwehr einer unbewussten Konfliktdynamik eingegangen. Indem sich die Partner in wesentlichen Eigenschaften wie Schloss und Schlüssel ergänzen und zusammenfügen, erleben sie eine großartige Anziehungskraft mit der unbewussten Erwartung, durch den Partner vor unangenehmer Selbsterkenntnis geschützt zu werden.

Die kollusive Partnerschaft wird deshalb vordergründig als entlastend, erleichternd und schützend erlebt, legt aber real die Partner auf bestimmte Rollen und Eigenschaften fest, ist also haltgebend, damit aber auch fixierend-chronifizierend und bleibt hintergründig mit allen unerfüllten frühen Hoffnungen und Enttäuschungen beladen, die sich als Symptome, Krisen und Konflikte zeigen werden. Die kollusive Beziehung benutzt Übertragungen, um in der frühen Einengung, Zuschreibung und Verletzung vermeintlich zufrieden verharren zu können und im Partner die hilfreiche Ergänzung zu finden, für die er oder sie zunächst dankbar gewürdigt wird. Anders gesagt: Die Übertragungen stellen unbewusst eine Kollusion her, um in der Gegenwart die Vergangenheit stellvertretend zu wiederholen und Zukunft zu verhindern.

Warum das alles? Weil die wirkliche Wiederbelebung der Frühgeschichte unerträglich und bedrohlich ist, die Befreiung von ihren Folgen lebenslange harte Arbeit bedeutet und es genug schwierige bis unerträgliche Partner gibt, die sich trefflich dafür eignen, sich über sie aufzuregen und sie zu bekämpfen. Partnerschaft ist die beste Institution, um sich gemeinsam vor der Reaktivierung früher Not und früher Verletzung zu schützen. Das ist der Grund, weshalb viele Partnerschaften so hartnäckig aufrechterhalten werden, obwohl sich beide Partner menschlich ständig verletzen und kränken. Es erklärt auch, warum sich so viele Paare mittels Exklusivität, einer gemeinsamen Ideologie sowie eingespielter, eigenartiger Gepflogenheiten von allen anderen abgrenzen.

Indem Staat und Kirche die Ehe unter ihren besonderen Schutz stellen, unterstützen sie die kollusive Abwehrfunktion einer Partnerschaft. Kommt es dennoch so weit, dass die Kollusion ihre Abwehrfunktion nicht mehr ausreichend erfüllt, dann werden die durch die Eheschließung auferlegten Beschränkungen in besonderem Maße spürbar. Sind nämlich die Verstrickungen so einengend, störend, langweilig oder streitvoll-unerträglich geworden, dass man auseinanderdriftet und die Partnerschaft aufgeben möchte – allerdings meist nur, um die nächste Kollusion einzugehen –, dann erschweren in diesem Fall häufig Scheidungsrecht, Sorgerechtspraxis für die Kinder und gemeinsame Schulden die gewünschte Trennung. Allerdings nehmen der Einfluss von Staat und Kirche auf die Erhaltung von Partnerschaften ab, was an der zunehmenden Zahl von Singleexistenzen zu erkennen ist. Sie sind jedoch häufig nur als Gegenabhängigkeit zur Partnerschaft zu verstehen und noch lange nicht als freie und gereifte Lebensform, die im Grunde genommen nur in partnerschaftlicher oder gemeinschaftlicher Bezogenheit lebbar ist. Die Psychotherapeutin Ulrike Gedeon und ich haben uns in partnerschaftlicher Zusammenarbeit in Mann-Frau-Workshops die Frage gestellt, ob es zwischen Männern und Frauen Unterschiede in der Art und Weise gibt, in der innerhalb von Partnerschaften Übertragung stattfindet – ob es, mit anderen Worten, spezifisch männliche und weibliche Übertragungsformen gibt. Dabei sind wir zunächst auf drei Tatbestände gestoßen:

1. Männer und Frauen übertragen durchaus gleichwertig, nur verschiedenartig. Die Unterschiede haben mit der Persönlichkeitsstruktur und den sozialen Rol-

len zu tun. Jede durch Übertragung charakterisierte Beziehung findet ihre soziale Anerkennung oder Nische.

2. Wenn Übertragungsbeziehungen aufbrechen und dynamisiert werden, wird Partnerschaft häufig zu einem Wettlauf bedürftiger Kinder, deren Kampf um einen besseren Platz in der Beziehung sich mit einer «Wippe» vergleichen lässt:
   Ist der eine oben, dann ist der andere unten und umgekehrt. Wenn es dem einen gut geht, geht es dem anderen schlecht – die Dynamisierung besteht im Wechsel der Befindlichkeiten, ohne die Kollusion wirklich aufgeben zu müssen.

3. Übertragungsarme Beziehungen finden sich kaum spontan, sondern bedürfen ständiger Bemühungen. Reife Partnerschaft ist eine «Arbeitsbeziehung».

Um aus den partnerschaftlichen Verwicklungen herauszufinden, ist es notwendig, die wechselseitigen Übertragungen zu identifizieren.

Ganz allgemein lassen sich Übertragungen daran erkennen, dass man etwas vom Partner erwartet, erhofft, ersehnt oder über etwas enttäuscht, verärgert und gekränkt ist. Das «Du» führt in die Übertragung: «Du sollst ...», «Du musst ...», «Du bist ...», «Deinetwegen ...», «... weil du ...» sind Wendungen, die dem anderen die Verantwortung und die Schuld zuweisen. Eine gute Partnerschaft kommt also ohne ein solches «Du» aus. Die eigene Enttäuschung, Wut oder Kränkung, der eigene Hass, aber auch die eigene Freude und Lust sind nicht Sache des Partners, sondern stets selbst zu verantwortende Befindlichkeiten, die durch den Partner lediglich ausgelöst, verstärkt oder gemildert werden können, nicht aber verursacht (um Ausnahmen von dieser Regel, etwa kriminelle Taten, hier zu vernachlässigen). Der Übertragung verdächtig sind alle großen Affekte, vor allem wenn sie deutlich über den jeweiligen Anlass hinausreichen. Die Realität im Allgemeinen und die partnerschaftliche Wirklichkeit im Besonderen verursachen bis auf seltene Ausnahmen (dramatische Ereignisse) nur «durchschnittliche» Gefühle, die der großen und tiefen Erregung entbehren.

Psychische Symptome und Somatisierungen, Streit und Kämpfe weisen dagegen auf Übertragungen hin, die aus unbewussten Quellen gespeist werden und realitätsgerechte Wahrnehmungen und notwendige Verhandlungen und Kompromisse, Einsichten, Nachgeben, Einlenken und Vergeben unmöglich machen.

Den häufigsten männlichen und weiblichen Übertragungsformen, die wir in Partnerschaften gefunden haben, geben wir folgende Bezeichnungen:

1a. Die männliche Übertragungsform: die Frau als «Drache»

Der Mann sucht sich eine «böse» Frau, die ihn beherrscht, bestimmt, dirigiert, beschimpft bzw. abwertet. Vorwürfe, Anklagen, Beleidigungen und Bedrohungen bestimmen den Alltag. Der Mann ist ängstlich, unsicher, ordnet sich formal unter und pariert, nährt aber insgeheim Hass, Rachegelüste und Vergeltungsphantasien. Er lässt sich von seiner Partnerin schlecht behandeln, um (im Dienste des Mutterschutzes) einen Schuldigen zu haben oder um eine vermeintliche Schuld zu sühnen («Schlag mich bitte!»). Da vor allem Autonomie und Selbstwert in besonderem Maße eingeschränkt sind, müssen alle natürlich vorhandenen Entwicklungstendenzen, nach den eigenen Wünschen und Möglichkeiten zu leben, bestraft werden. Die latente Aggression braucht einen furchteinflößenden Drachen, um unter Kontrolle zu bleiben. Erlahmt der Drache, wird er in aller Regel provoziert. Der Mann betrinkt sich vielleicht oder verschmutzt die Wohnung, vergisst Aufträge, lässt ein Pornoheft herumliegen, verspielt Geld, verliert die Arbeit oder wird krank und quält und reizt auf diese Weise seine Partnerin.

Der «Drache» muss aber nicht als äußerlich erkennbare Megäre erscheinen. Die Bösartigkeiten können auch, für andere kaum erkennbar, ganz unscheinbar und subtil sein, aber genau die wunden Stellen des Partners treffen und dabei auch häufig und regelmäßig passieren. Es genügt ein Blick, eine Geste oder ein abwertendes Wort, um negative Übertragungen zu provozieren. Wie auch immer, dramatisch oder leise – es geht um die Angst und die Einschüchterung, das Schuldgefühl oder die Bedrohung, die der Mann gegenüber seiner Partnerin wiederbelebt. Ein Bedrohungsgefühl, das er aus früher Erfahrung mitbringt und nun durch Übertragung in der Partnerschaft immer wieder reaktivieren kann.

Sein Beziehungskonflikt ließe sich folgendermaßen zusammenfassen: «Ich leide lieber an einer ‹bösen› Frau, damit ich meine frühe Bedrohung nicht mehr spüren muss.»

1b. Die weibliche Übertragungsform: der Mann als Herrscher

Der herrschende Mann duldet keinen Widerspruch, übt Macht aus durch Unterdrückung, durch seelische oder auch körperliche Gewalt. Er ist fordernd, rechthaberisch, jähzornig, ignorant, intolerant und hart. Er erträgt keine Schwäche bei sich, keine Unsicherheit oder das Gefühl von Angst. Er braucht sein Gegenüber dafür, um wahrzunehmen und auszudrücken, was er am meisten an sich selbst fürchtet.

Zu einem solchen Mann fühlt sich zumeist eine strukturlose, orientierungslose Frau hingezogen, die sich über die Opferrolle, über das Leiden und Ertragen von Ungerechtigkeiten, verbunden mit der Überzeugung von der Täterschaft des Mannes, stabilisiert, um den eigenen inneren Täter – die ablehnenden Eltern – nicht zu spüren.

Sie lebt in der Partnerschaft mit einer unerschöpflichen Quelle realer Kränkungen und Verletzungen, die ihr Schutz vor dem Erleiden der tiefen frühen Verletzungen bieten. Die elterliche Botschaft an diese Frau ließe sich folgendermaßen reformulieren: «Du sollst nicht sein.» Oder: «Du bist nichts wert» (Mutterbedrohung).

Ihr zentraler Beziehungskonflikt lautet: «Ich unterwerfe mich lieber und leide an meinem Partner, um nicht zu spüren, dass ich niemals Annahme und Wertschätzung erfahren habe.»

2a. Die männliche Übertragungsform: die Frau als «Prinzessin»

In dieser Übertragungsrolle ist die Partnerin vor allem ko-narzisstisches Selbstobjekt. Der Mann will sich mit einer attraktiven Partnerin schmücken, die durch Aussehen, Kleidung und Verhalten etwas hermacht, auf deren weibliche Formen man gerne schaut, ihr hinterherpfeift oder dabei erotische Phantasien aktiviert. Der Mann genießt das eigene Besitzgefühl, den Neid der anderen und fühlt sich dadurch aufgewertet. Dafür nimmt er in Kauf, dass sie auch etwas einfältig, häuslich ungeschickt, abhängig sein kann, ja sogar im Bett nicht wirklich hält, was sie dem aufgesetzten Gebaren nach verspricht. Äußerlichkeiten dominieren und sollen den eigenen inneren Mangel überdecken. Mode, Schmuck, Kosmetik, alle neuen Trends, Marken- und Szenekultur bestimmen das externalisierte, außengeleitete Leben. Um Stärke und Erfolg zu demonstrieren, überträgt der Mann eine erotisierte Besitz- und Beutementalität, die intrapsychisch als Erfahrung nicht vorhanden sind. Der narzisstische Mangel des Mannes sucht Aufwertung in der Vorzeigefrau, dem Titelbildmädchen, der exaltierten Hysterika, an deren Seite es immer Aufregung, Action und hinreichend Ärger und Peinlichkeiten gibt. Der Muttermangel und das narzisstische Defizit werden abgewehrt und mit der Prinzessinenübertragung kompensiert.

Der zentrale Beziehungskonflikt dieses Mannes ließe sich folgendermaßen formulieren: «Ich brauche eine Vorzeigefrau, um mein eigenes narzisstisches Defizit nicht zu spüren.»

2b. Die weibliche Übertragungsform: der Mann als Star oder Genie

Das ist der Mann mit dem Gefühl der Großartigkeit: der kluge, geniale, wissensreiche Mann mit überdurchschnittlichen kreativen oder intellektuellen Leistungen. Es ist der Mann, der brilliert, blendet, beeindruckt und fasziniert oder im überzogenen Maße von seiner Kraft, Wirkung und Bedeutung überzeugt ist. Es mangelt ihm am Bedürfnis nach emotionalem Austausch oder nach warmen, lebendigen Beziehungen. Er braucht sein Gegenüber als Bewunderer seiner Erfolge.

Dies tut eine Partnerin gern, die sich in der Tiefe unzulänglich und unzureichend fühlt, die ihre eigenen Stärken und Begabungen nicht würdigen und schätzen kann, die sich nie gut genug fühlt und jemanden braucht, um diesen gefühlten Mangel zu kompensieren.

Diese Frau bewundert das Genie oder «Pseudogenie», nimmt an seinen Erfolgen teil, sie unterstützt ihn, himmelt ihn an und nimmt dabei eigene Nachteile in Kauf. Er ist ihr Selbstobjekt, über das sie inneren Gewinn und Befriedigung erfährt.

Die Krise tritt dann ein, wenn er schwach wird, unsicher oder krank. Denn dann fällt er als «Plombe» ihres eigenen Selbstwertdefizits aus.

Solange sie sich an seiner Seite unterlegen fühlt, muss sie sich mit ihrer tiefen Minderwertigkeit und Entwertung nicht auseinandersetzen. Die elterliche Botschaft an diese Frau könnte gewesen sein: «Du bist nie gut genug.»

Ihr zentraler Beziehungskonflikt lautet etwa: «Ich bewundere den anderen, um nicht spüren zu müssen, wie wenig ich selbst bestätigt wurde.»

3a. Die männliche Übertragungsform: die Frau als «Mutter»

Im Grunde genommen ist diese Übertragungsform immer gegeben, wenn man mit der Partnerin das Verhältnis zur Mutter reinszeniert. Die hier genannte spezielle

Übertragungsform zielt auf mütterliche Funktionen ab, die die Partnerin erfüllen soll. Die Partnerin soll versorgen, also kochen und backen, die Wäsche machen, die Wohnung pflegen, die Kinder betreuen, sie soll auch da sein, zuhören, verstehen, sich einfühlen, bestätigen, pflegen und trösten. Da diese Erwartungen aus einem frühen Muttermangel erwachsen, kann keine Frau das Mütterliche je ausreichend und gut genug nachträglich erfüllen. Obwohl ein Liebesdefizit der Mutter vorliegt, wird an ihrer Idealisierung festgehalten: Mutter hat immer noch besser gekocht oder noch mehr Verständnis und Bemühen aufgebracht als die Partnerin. Der Partnerin muss jetzt der Mangel nachgewiesen werden, um die bittere Wahrheit über die Mutter weiterhin nicht erkennen zu müssen.

Mit der Enttäuschung über die Mutter-Partnerin bleibt der frühe Muttermangel abgewehrt. Sosehr sich die Partnerin auch bemühen mag, sie entgeht nicht der Übertragungsenttäuschung und unzufriedenen Nörgelei ihres Mannes. Nicht selten werden die negativen Übertragungsanteile auf andere Bereiche verschoben. Die Mutter-Partnerin ist dann eben nur hausbacken, intellektuell beschränkt, politisch naiv, technisch blöde und erotisch-sexuell unattraktiv. So wird eine Geliebte oder der Gang zu Huren nahezu unvermeidbar. Angesichts der Übertragung der Mutterbeziehung auf die Partnerin muss die Sexualität andere Kanäle finden.

Die Übertragungstragik liegt darin, dass der betreffende Mann dazu verurteilt ist, ein unreifer, abhängiger und bedürftiger «Junge» zu bleiben. Nur selten wird die Bedürftigkeit aufgrund des ursprünglichen Muttermangels, die jetzt in der Übertragung weiter ausagiert wird und nicht mehr zu sättigen ist, Gegenstand der Erkenntnis und damit des Schmerzes, zumeist richtet sie sich in zunehmender Enttäuschungswut gegen die Partnerin. Auf diese Weise bleibt der Mann abhängig und bedürftig, reift nicht zu eigener Stärke und Autonomie, eine partnerschaftliche Gleichwertigkeit bleibt ausgeschlossen.

Der zentrale Beziehungskonflikt lautet etwa: «Ich erwarte und verlange beste mütterliche Versorgung, um den erlittenen Muttermangel nicht mehr spüren zu müssen.»

3b. Die weibliche Übertragungsform: der Mann als «Vater»

Der väterliche Mann bietet sich als dominant, führend, unterstützend, strukturierend, einfühlsam und beratend an. Er glaubt, alles wissen zu müssen, was für seine Partnerin gut und richtig ist, er behandelt sein Gegenüber wie ein Kind oder einen behinderten Menschen. Er wirkt immer souverän, als sei er «nicht aus der Ruhe zu bringen», weiß immer Rat und Antwort und scheint keine eigenen Bedürfnisse oder Probleme zu kennen.

Von diesem Typ angezogen fühlen sich meistens ängstliche Frauen mit großem Bedürfnis nach Sicherheit und Bestätigung, mit dem Anspruch, so, wie sie sind, akzeptiert zu werden, sowie mit anhaltender Sehnsucht nach Zuneigung und Aufmerksamkeit. Sie sind überempfindlich gegenüber Kritik oder Ablehnung und vermeiden eigenständige Aktivitäten.

Sie wissen nicht, was sie wollen, und auch nicht, was sie nicht wollen, haben Schwierigkeiten, Entscheidungen zu treffen, wollen sich am liebsten der Verantwortung für Konsequenzen ihres Handelns entziehen. Sie suchen eine «sichere Schulter», an die sie sich anlehnen können, und eine «starke Hand», die sie führt und lenkt. Häufig handelt es sich um sexuell unreife «Kindfrauen», die lediglich Zärtlichkeit suchen und sich angesichts des gewöhnlichen männlichen sexuellen Verlangens bedroht fühlen. Eine auf diese Weise abhängige Partnerin trägt das elterliche Gebot in sich: «Werde ja nicht selbständig, sondern tue gehorsam, was wir dir sagen und von dir erwarten.» Ihr zentraler Beziehungskonflikt lautet etwa: «Ich bleibe lieber klein und abhängig, um nicht mehr an die Geschichte meiner Einschüchterung und Behinderung erinnert zu werden.»

4a. Die männliche Übertragungsform: die Frau als «Müllkippe»

Der Mann braucht in der Übertragung ein Objekt zur Entsorgung seiner Dysphorie und Unzufriedenheit. Die Partnerin ist dann eine Klagemauer; er kann sie mit den eigenen Problemen und Schwierigkeiten zuschütten mit der Tendenz, sie als Schuldige zu sehen. Dieses Abreagieren an der Partnerin führt in aller Regel nicht zur dankbaren Anerkennung, dass sie sich dafür zur Verfügung stellt, sondern zunehmend zur Abwertung und Verachtung der Partnerin. Die «Müllkippe-Partnerin» nimmt im Erleben des Mannes bald selbst Züge von Schmuddeligkeit und Ekel an, ihre Entsorgungsfunktion verliert allmählich die Objektrolle, und sie wird zum verachteten Subjekt. Diese Übertragung in der Partnerschaft hilft dem Mann, die intrapsychische Quelle seiner Belastungen und erlittenen seelischen Verschmutzungen zu externalisieren. Es handelt sich gewissermaßen um eine Art «Partnerschaftsbulimie», bei der die Frau sowohl als Klobecken fungiert als auch wie «vergiftete» Nahrung ausgespien wird, vor allem dann, wenn sie sich auf eigene Schwächen und Fehler reduzieren lässt.

Im günstigsten Fall haben wir es mit einer Beziehung zu tun, in der der Mann über seine Sorgen und ungelösten Konflikte ständig klagen und jammern kann, ohne sie klären und lösen zu müssen. Auf diese Weise bleibt die intrapsychische Konfliktspannung unbewusst und wird in externalen Schwierigkeiten ausagiert, für die die Partnerin zumindest Verständnis aufbringen soll. Besser noch: Sie soll anerkennen, dass die von ihrem Partner angeklagten Verhältnissen die Ursache und die Schuld für sein Leid darstellen.

Der zentrale Beziehungskonflikt des Mannes lautet etwa: «Ich brauche ‹giftige› Verhältnisse und Umstände, um die innerseelische ‹Vergiftung› nicht wahrnehmen zu müssen und um mich ständig abreagieren zu können.»

4b. Die weibliche Übertragungsform: der Mann als Helfer

Der Helfer-Mann ist der bedienende Mann, der dazu abgerichtet ist, die Bedürfnisse des Gegenübers zu erspüren und möglichst unausgesprochen zu erfüllen. Er hatte in der Regel eine Mutter, die er unterhalten und aufheitern sollte und für deren Wohlbefinden er verantwortlich gemacht wurde. Wenn er sich nur richtig bemühte, alle Bedürfnisse der Mutter erkennen würde und ihr zu Hilfe eilte, dann, so sein Glaube, würde er auch ihre Liebe und Anerkennung bekommen.

Der Helfer stabilisiert sich also darüber, dass ein anderer seiner Hilfe bedarf – das heißt, sich als hilflos anbietet. Er unterstützt ihn dann tatkräftig und übernimmt Verantwortung für ihn. Manchmal wird dem anderen die

Hilfsbedürftigkeit regelrecht eingeredet und die Hilfe aufgedrängt.

Der Gewinn des Helfers ist, sich im Vergleich besser, gesünder, stärker oder kompetenter als der andere fühlen zu können. Indem er sein Gegenüber klein und hilflos hält, gewinnt er auch Macht über ihn. Eine gleichwertige Partnerschaft kann es für ihn nicht geben.

Die Frau, die einen Helfer braucht und ihren Wunsch nach Betreuung aus unerfüllter Bedürftigkeit heraus auf ihn überträgt, erlebt sich selbst zumeist als inkompetent, überfordert und behindert. Sie lebt unter dem Eindruck, die Verantwortung für das eigene Leben allein und selbständig nicht tragen zu können. Deshalb erwartet sie Unterstützung von ihrem Partner. Es ist der Typ von Frau, die viel Ruhe und Erholung braucht, der schnell alles zu viel wird und die nicht gut für sich allein sein kann.

Sie lebt in der Diskrepanz zwischen Anspruch auf der einen und Unfähigkeitsgefühl auf der anderen Seite. Typisches Beispiel dafür ist die Frau, die verreisen will, einen riesigen Koffer packt, aber niemals auf den Gedanken käme, den vollen Koffer alleine tragen zu wollen. Sie ist sich sicher: Er trägt ihn! Ihre unbewusste Botschaft an den Mann lautet: «Das Leben ist so schwer – erleichtere es mir.» Auf diese Weise agiert sie ihren unstillbaren Zuwendungshunger aus. Sie saugt ihren Partner förmlich mit der Illusion aus, durch seine Bemühungen für die erlittene frühe Abwertung und Ausbremsung entschädigt zu werden.

Ihr zentraler Beziehungskonflikt lautet etwa: «Ich zeige mich lieber schwach und hilfsbedürftig, um nicht fühlen zu müssen, dass sich keiner wirklich für mich interessiert hat.»

5a. Die männliche Übertragungsform: die Frau als «Kindchen»

Der Mann geht eine Partnerschaft ein, in der die Frau bedürftig, abhängig, klein, hilflos ist und auch so bleiben soll. Damit kann der schwache Mann sich immer groß, stark und überlegen fühlen. Das sind dann die Partnerinnen, die kaum Auto fahren und schlecht einparken können, die natürlich keine Landkarte lesen können, deren Orientierung schwach ist, die immer Hilfe, Unterstützung und Rat brauchen.

Bei Konflikten oder in Verhandlungen sind sie das «Kindchen», schluchzen schnell los und appellieren mit demonstrierter Rat- und Hilflosigkeit an Unterstützung und Verständnis. Der Mann darf sich als Ritter, Helfer, Wissender und Führer großartig fühlen und muss eigene Unsicherheit und Schwäche nicht zur Kenntnis nehmen. Er weiß gegenüber seiner Partnerin eben alles besser, ist dann auch belehrend und kontrollierend, was leicht in gereizte Kritik und genervte Vorwürfe ausufert. Auf diese Weise bietet sich dem Mann auch die Gelegenheit, Aggressionen an der ungeschickten und inkompetenten Partnerin abzureagieren. Im Laufe der Zeit wird sich der Mann dann ausgebeutet und überfordert fühlen und an der ausagierten Hilflosigkeit verzweifeln, ohne seinen Anteil – seine Übertragung – zur Kenntnis zu nehmen. So ist er mit seinen Wahrnehmungen in stärkerem Maße und schneller bei seiner Partnerin als bei sich selbst, wozu ihn die Partnerin natürlich leicht einlädt, wenn sie der Hilfe und Unterstützung bedürftig erscheint.

Der zentrale Beziehungskonflikt lautet etwa: «Ich brauche eine schwache und bedürftige Frau, um mich selbst größer und stärker fühlen zu können, um die eigene Entwicklungshemmung nicht erleben zu müssen.»

5b. Die weibliche Übertragungsform: der Mann als Schwächling, Versager und Bedürftiger

Der Versager-Mann bringt nichts wirklich zustande, er lebt im passiven Widerstand gegen Anforderungen und Leistungen. Er verweigert die Verantwortung für sein Leben und versagt bei Bewährungs- oder Prüfungssituationen. Er drückt sich vor Entscheidungen, bleibt passiv und entwickelt weder Ideen noch Initiativen. Er ist ein Meister in Verzögerungs- oder Vermeidungsmanövern. Er fühlt sich eher als Zuschauer denn als Gestalter seines Lebens. Reale Ängste und Unsicherheiten werden benutzt, um sich zu verweigern. Die Verantwortung für sein Leben und die notwendige Selbstversorgung erlebt der schwache Mann als grundsätzliche Zumutung. Ein solcher Mann ist der passende Partner für eine mütterliche Frau, die ihn versorgt und päppelt, die sein kindliches Verhalten akzeptiert, versteht und verzeiht, die ihn tröstet und ihm alle Schwierigkeiten abnimmt. Auf diese Weise kann sie ihre grundsätzliche Unsicherheit als Frau hinter helfender, «vergiftender» Mütterlichkeit verstecken.

Und sie kann den Mann endlos verachten – stellvertretend für den schwachen Vater, der sie vor der Mutter nicht geschützt, sondern sich verdrückt und sie allein gelassen hat. Sie kann sich gegenüber dem Versager auch als Opfer fühlen – alles allein bewältigen zu müssen, von ihm ausgebeutet und auch finanziell im Stich gelassen zu werden. Das mündet in chronische Enttäuschung: Sie nörgelt, macht ihm ständig Vorwürfe, kritisiert und kommandiert ihn und bedient damit seine Selbstabwertung. Hinter der Vorstellung, dass das Leben so schwer und ungerecht ist und die Männer so schwach sind und versagen, kann ihre eigene Unreife und Bedürftigkeit verborgen bleiben.

Ihr zentraler Beziehungskonflikt lautet etwa: «Ich versorge dich und mühe mich ab, um meine eigene Bedürftigkeit und Identitätsschwäche als Frau nicht wahrnehmen zu müssen.»

6a. Die männliche Übertragungsform: die Frau als «Beziehungsmotor»

Der Mann braucht eine Partnerin, die aktiv und kreativ ist, die die Geschäfte führt und Ideen für die Beziehung und die Unternehmungen der Familie entwickelt. Sie organisiert und gestaltet auch die sozialen Beziehungen des Paares. Dafür kommen meistens die exaltierten, hysterischen Frauen in Frage, die ständige Betriebsamkeit brauchen und dabei die Feigheit, aggressive Gehemmtheit und Unsicherheit des Mannes überspielen helfen. Wenn es um schwierige Verhandlungen bei Behörden und in Institutionen geht, wird die Frau vorgeschickt. Streit mit Lehrern, Nachbarn und Familienangehörigen müssen sie auskämpfen, Reklamationen haben sie anzumelden und auszufechten.

Diese Form männlicher Übertragung funktioniert wie eine Vaterübertragung mit dem Wunsch, beschützt zu sein und in den schwierigen Angelegenheiten des Lebens an die Hand genommen zu werden. Die Partnerin plant, strukturiert und organisiert, sie belebt die Partnerschaft und das Familienleben mit ihrem Unternehmungsgeist. Besinnlichkeit, Ruhe und Nachdenklichkeit können und dürfen keinen Raum gewinnen, weil der Mann dann seine eigenen, angstvoll besetzten Hemmungen und die Partnerin ihre überspielte Bedürftigkeit und abgewehrte Abhängigkeit wahrnehmen könnten und wieder leidvoll spüren müssten.

Der zentrale Beziehungskonflikt des Mannes lautet etwa: «Ich brauche Führung und Aktionismus, um meine eigene Gehemmtheit und Unsicherheit nicht wahrnehmen zu müssen.»

6b. Die weibliche Übertragungsform: der Mann als Sonderling oder einsamer Wolf

Der «einsame Wolf» ist scheu, merkwürdig, zurückgezogen, einzelgängerisch und in sich gekehrt, eben anders als die anderen. Niemand kennt ihn wirklich, er meidet engere Kontakte, ist misstrauisch und bleibt allen immer etwas fremd. Enge und vertrauensvolle Beziehungen fehlen ihm, er zeigt nicht, was in ihm vorgeht oder was er fühlt.

Keiner will so recht mit ihm etwas zu tun haben, er lebt eher isoliert, oft mit verschrobenen Anschauungen und den ungewöhnlichen Lebensformen eines Sonderlings.

Eine Frau mit dem Ehrgeiz, die Einzige auf der Welt zu sein, die ihn versteht, die ihn kennt und der er scheinbar vertraut, kann sich dadurch narzisstisch aufwerten. Sie fühlt sich auserwählt, ihn zu erobern – sie lebt in dem Gefühl, einzigartig und einmalig für ihn zu sein.

Sie sieht ihn sich schön, filtert aus ihrer Wahrnehmung das Räudige und Kontaktfeindliche heraus, verbiegt sich, macht sich blind und spürt in ihrer Rolle als «Mutter Teresa» nicht, wie hoffnungslos ihr Bemühen ist, eine emotionale Resonanz oder gar Gegenliebe bei ihm zu erwecken.

Ihr zentraler Beziehungskonflikt lautet etwa: «Ich kann mich in der Rolle der ‹Versteherin› als richtig und wichtig erleben, um nicht fühlen zu müssen, dass ich bei meinen Eltern nie ‹richtig› war.»

7a. Die männliche Übertragungsform: die «Emanze»

Die «Emanze» ist dominant, unabhängig, leistungs- und karriereorientiert, ehrgeizig, kämpferisch und konkurrierend. Haushalt, Kinder, Familie sind minderwertig oder eine Last, müssen irgendwie nebenherlaufen oder straff organisiert werden. Der Mann ist dann meistens der «Hausmann», der sich mehr für die familiären Belange, die Kinder und das Heim engagiert als seine Partnerin.

Die «Emanze» bietet eine vielfache Projektionsfläche für Übertragungen, je nachdem, ob sie im Selbstverwirklichungstrip, im narzisstischen Größenselbst, im Mütterlichkeit abwehrenden Lilith-Komplex oder im feministischen Kampf gegen Männer agiert. Mit einer erfolgreichen, anerkannten und berühmten Frau kann der Mann seine Mutterverehrung zur Abwehr des Muttermangels ausleben. Gegenüber einer dominanten, machthungrigen und gefühlskalten Partnerin kann er seine Mutterbedrohung und seine Minderwertigkeit verbergen, in einer regressiven Beziehung seine Scham und Schuldhaftigkeit sowie seine Berechtigungszweifel stellvertretend erleiden. Die kinderlose, vermännlichte und mütterlichkeitsgestörte «Emanze» eignet sich aber auch gut, um die eigene Mutterverachtung projektiv adressieren zu können. Die feministische Ideologie bietet eine Angriffsfläche für den ehemals berechtigten Hass gegen die Mutter, der jetzt in der deklarierten Ablehnung der Mutterschaft eine willkommene Zielscheibe findet.

Die zum Feminismus übersteigerte Emanzipationsbewegung der Frauen kommt manchen Männern entgegen, die ihre Abwertung und Ablehnung durch die Mutter, den erfahrenen Liebesmangel und ihre Entfremdung großartig kultivieren können, indem sie den Haushalt führen, die Kinder betreuen, sich finanziell aushalten, sich führen und beherrschen lassen. Sie lassen sich als die «neuen weichen Männer» loben und depotenzieren. Sexuell sind sie eher wenig interessiert, häufiger mit erektiver Schwäche, dagegen sind sie eher bereit, ihre Partnerin zu massieren und zu streicheln, wenn diese das überhaupt zulässt. Die «Emanze» sucht sich mitunter aber einen Geliebten oder Callboy oder zieht gleich lesbische Beziehungen vor, um ihrer Angst vor guter Männlichkeit zu entgehen.

Der zentrale Beziehungskonflikt lautet etwa: «Ich schwäche meine Männlichkeit, um es ‹Mutter› recht zu machen, um ihre Ablehnung und Entwertung nicht zu provozieren.»

7b. Die weibliche Übertragungsform: der Mann als Manager und Funktionär

Der Manager-Mann ist kühl und berechnend, auf den eigenen Vorteil bedacht, abgeschnitten von seinen Gefühlen, die ihn in seiner funktionalen Welt nur stören.

Er verspürt keine Angst, keine Aufregung oder Traurigkeit – er ist zielorientiert und perfekt in der Organisation seines täglichen und beruflichen Lebens. Zwischenmenschliche Beziehungen geht er mit dem Ziel des eigenen Vorteils und Gewinns ein.

Menschliche Regungen anderer stören ihn oder stoßen ihn sogar ab. Eine Frau mit der Grunderfahrung, genommen, benutzt und weggestellt zu werden wie ein Gebrauchsgegenstand, ist die geeignete Partnerin. Sie wartet ab, ist mit wenig zufrieden, fast froh, dass sich überhaupt jemand für sie interessiert. Sie bleibt sich selbst überlassen – wie immer –, belastet den anderen nicht mit ihren eigenen Wünschen, sondern nimmt die von ihr gewünschte Rolle der Hausfrau oder auch der Geliebten oder des «Spielzeugs» scheinbar anspruchslos an. Wenn sie zweckorientiert gebraucht wird, glaubt sie, wirklich gemeint zu sein, und reißt sich zusammen, wenn sich doch einmal eigene Bedürfnissen regen.

Sie macht sich etwas vor, überschätzt die Beziehung und bleibt oft völlig überrascht und ratlos zurück, wenn er sie nicht mehr will, sie weglegt wie ein ungeliebtes Spielzeug und sie verlässt.

Ihr zentraler Beziehungskonflikt lautet etwa: «Ich verzichte auf eigene Ansprüche und opfere mich auf, um nicht daran erinnert zu werden, dass ich nie eine Daseinsberechtigung erfahren habe.»

8a. Die männliche Übertragungsform: die Frau als Opfer

Der Mann sucht sich eine Partnerin, die er quälen, schlagen, terrorisieren, vergewaltigen, unterdrücken und abwerten kann. Psychische und körperliche Gewalt helfen ihm, seinen aufgestauten Mutterhass an seiner Partnerin abzureagieren. Da sie das falsche Objekt ist – selbst wenn sie um Schläge bettelt – und die wahre Quelle der Aggression im Verborgenen bleibt, ist die gelebte Aggression immer unberechtigt, überzogen und ermöglicht keine befreiende Klärung. Die Täter-Opfer-Übertragung konstituiert dann die Partnerschaft, wobei nicht selten der Mann auch zur Täterschaft manipuliert und provoziert wird. Die devote, die arme und leidende, die kränkelnde Partnerin oder auch die meckernde, zickige, streitsüchtige, verletzende Frau sind dem Mann mit Gefühlsstau gerade recht, um sich zu erregen, zu schimpfen, zu drohen und zuzuschlagen. Häufig spielt Alkohol eine enthemmende und aggressionsverstärkende Rolle. In der Öffentlichkeit ist der Mann natürlich der Täter, die komplementäre Rolle und Funktion der Frau wird kaum zur Kenntnis genommen, vor allem wenn sexuelle Gewalt – eventuell auch gegen Tochter oder Stieftochter – mit im Spiel ist. Dass die Mutter ihre Tochter dem Vater indirekt zuführt, indem sie sich dem Manne verweigert und zugleich auch die Tochter lieblos behandelt, bleibt meistens verborgen. Es entschuldigt natürlich in keiner Weise die väterliche Gewalt oder den Missbrauch, macht aber die Kollusion und die Übertragungsverhältnisse deutlich. Der Mann braucht ein Opferobjekt, um seine unerträgliche, mörderische Wut aufgrund der erlittenen Mutterbedrohung abführen zu können, sonst müsste er sich radikalisieren, in den Krieg ziehen, kriminell werden, Extremsportarten durchführen, schwer psychosomatisch erkranken oder sich suizidieren.

Sein zentraler Beziehungskonflikt lautet etwa: «Ich brauche jemanden, um mich abreagieren zu können, um mich selbst als schlimmes Opfer nicht wahrnehmen zu müssen.»

8b. Die weibliche Übertragungsform: der Mann als Täteropfer

Die Frau wählt einen Partner, der sich durch sein Verhalten schuldig macht und als «Täter» denunziert werden kann. Der Partner wird als Gewalt- und Triebtäter, als Alkoholiker und Bösewicht gebraucht, um ihn beschuldigen, verführen, demütigen und bestrafen zu können. Er ist ein Sadomasochist, der sich am besten spürt, wenn er gequält, getreten und geschlagen wird. Mit seinem Fehlverhalten provoziert er, um am Ende auch wirklich bestraft zu werden.

Ein solcher Mann ist der geeignete Partner für eine Frau, die für ihren gesamten Hass und ihre Lebensenttäuschung dringend ein Ventil benötigt, die einen Kriegsschauplatz sucht, um ihre innere Verletzung in Gestalt von Demütigung, Abwertung und vielleicht auch Bedrohung nicht spüren zu müssen.

Der Partner muss jetzt für sie ausbaden, was mit ihr geschehen ist, sie schlägt auf ihn ein wie ehedem ihre Eltern auf sie. Sie verachtet und hasst ihn stellvertretend für ihr kindliches Schicksal. Oft spielt ihr noch die feministische Annahme in die Hände, dass der Mann sowieso der Schuldige und der Täter, jedenfalls verächtlich und zu bekämpfen sei – womit sie unter Frauen stets Verbündete findet.

Ihr zentraler Beziehungskonflikt lautet etwa: «Ich brauche einen Täter, den ich verfolgen, tyrannisieren und quälen kann, um die erlittene frühe Qual und Ohnmacht nicht spüren zu müssen.»

X. SPIELREGELN FÜR EINE GELINGENDE PARTNERSCHAFT AUF DER BASIS VON BEZIEHUNGSKULTUR

Inzwischen dürfte deutlich geworden sein, dass Partnerschaft auf der Basis einer Beziehungskultur durch so wenig Übertragung wie möglich – und das heißt durch die Vermeidung von Reinszenierungen belastender früher Erfahrungen – beeinflusst werden sollte.

Wer diesen lohnenden Weg gehen will, wird auf die hochschwebenden Gefühle des siebten Himmels der Verliebtheit ebenso verzichten müssen wie auf die schützende Abwehr vor schmerzlicher Erinnerung durch eine kollusive Verstrickung in unablässig provozierte Realkonflikte. Damit wird aber auch hasserfüllte Enttäuschung gegenüber einem Partner vermieden, der letztlich am eigenen Unglück unschuldig ist, auch wenn er sich real hier und jetzt schuldig gemacht hat. Kinder müssen dann nicht mehr leidtragende Opfer der latenten, aber meist verleugneten Feindseligkeit ihrer Eltern werden. Auch eine «Verschwörung» gegen Dritte, auf die die ungelösten inneren Konflikte und Affekte projiziert werden, ist dann nicht mehr nötig. (Die Funktion des Dritten können etwa Familienangehörige, Nachbarn und Vorgesetzte, aber auch politische Gegner, Fremde und andere übernehmen.) Stattdessen rückt ein nicht zu unterschätzender Gewinn in den Bereich des Möglichen – das einander freigebende, narzisstisch bestätigende und lustvolle Miteinander. Auch wenn diese guten Stunden partnerschaftlicher Nähe und Verbundenheit sehr begrenzt bleiben, bieten sie mehr Entspannung und Zufriedenheit, als ohne die Arbeit an der Beziehung je möglich geworden wäre. Allerdings birgt die Chance zur Verbesserung der Beziehungserfahrungen auch das größte Risiko des Misslingens; denn alle Erfolge, die ein Mensch über seine prägenden Früherfahrungen hinaus erreichen kann, erfordern unvermeidlich die schmerzliche Verarbeitung des erlittenen Mangels und der auf immer verlorenen Lebensmöglichkeiten.

Partnerschaft auf der Ebene einer Beziehungskultur bedeutet Entwicklung zur Eigenständigkeit, Akzeptanz der Begrenzung, emotionale Verarbeitung und redliche Verhandlungsfähigkeit. Dabei gibt es nie endgültige Gewissheit über die eigenen Motive, Bedürfnisse, Gefühle und Handlungen. Doch gerade Partnerschaft ist der beste Ort, um über alle Unsicherheiten und Unklarheiten immer wieder klärende Verständigung zu erreichen.

So kann ich jetzt wagen, folgende Regeln zur Orientierungshilfe aufzustellen:

1. Lass dich nur auf Partnerschaft ein,
wenn du dir sicher bist, dass du auch allein leben kannst,
aber lebe nicht allein, weil du Angst vor
Partnerschaft hast

Diese Regel antwortet auf die Gefahr uneinlösbarer Erwartungen, die sich an eine Beziehung knüpfen können, insbesondere jene Erwartung, dass durch einen anderen die Verbesserung des eigenen Lebens und die Erlösung aus innerer Not möglich sind. Natürlich gibt es Unterstützung, aber meist um einen sehr hohen Preis: Die eigentlich notwendige Anstrengung wird delegiert, die eigene Erkenntnis und Entwicklung behindert, der Partner häufig ausgelaugt, und die Beziehung verliert an Vitalität und Erotik. Am Ende sind beide unglücklich und haben ihre Lebenschance verpasst.

«Allein leben» meint nicht nur, alleine in einer Wohnung zu leben oder sich finanziell selbst versorgen zu können, sondern vor allem Fähigkeiten entwickelt zu haben, immer wieder herauszufinden, wer man ist, was man will, was für einen gut oder schlecht ist, wie man sich zwischen Anpassung und Selbstbehauptung zurechtfindet und Verantwortung übernimmt.

Die Wege dazu führen über Meditation, Reflexion, Gefühlsausdruck, Übungen und Ausprobieren. Das sind die wesentlichen «Fächer» einer Lebensschule mit «mütterlichen» und «väterlichen» Inhalten.

Das Gefühl für die Fähigkeit, allein zu leben, erwächst aus der Erfahrung, dass man statt des Griffs zur Fernbedienung, zur «Maus» oder zum Alkohol, statt eines Ganges zum Kühlschrank, zur Party, zum Arzt oder zur Kirche, statt bewundernswerter Leistungen und großartigen Engagements auch mal innehalten und der eigenen «Jämmerlichkeit» gewahr werden kann. Wer im Alleinsein die eigene Verlassenheit wiederentdeckt und akzeptieren kann, der ist reif geworden für eine Beziehung, die nichts mehr verbergen oder ausgleichen soll, sondern die die Lust der Zweisamkeit in aller Begrenzung und im Respekt für den anderen genießen kann.

Andererseits wissen wir, dass sich viele Singles aus

Trotz und Enttäuschung im Alleinsein eingerichtet haben und keine Partnerschaft mehr eingehen wollen, um nicht wieder enttäuscht zu werden. Damit machen sie im Grunde genommen nur deutlich, dass sie mit falschen Erwartungen und Hoffnungen Partnerschaften gesucht haben – eben mit den Bedürftigkeiten und Enttäuschungen früher Erfahrungen. Das Alleinleben wird dann idealisiert und kultiviert. Die dargestellten Vorzüge werden mit den Maßstäben der tatsächlichen üblen Erfahrungen enttäuschender Beziehungen gemessen, so dass alleine zu leben wesentlich besser zu sein scheint, als die Qual ständiger Missverständnisse und unlösbarer Auseinandersetzungen zu erleiden. Das Alleinleben ist dann für den «Augenblick» das kleinere Übel, jedoch, bezogen auf wesentliche menschliche Grundbedürfnisse, eine verhängnisvolle Flucht in einen – wie uns die Statistiken zeigen – vorzeitigen Tod. Beziehung konstituiert menschliches Leben. Beziehungsarmes, beziehungsloses oder beziehungsgestörtes Leben belastet die Gesundheit und führt häufig zu einem verschrobenen, verbitterten, vergifteten Sozialverhalten.

2. *Du bist nicht für das Wohlbefinden deines Partners bzw. deiner Partnerin verantwortlich, aber du trägst Verantwortung für die Gestaltung der Beziehung*

Zu den zentralen Erfahrungen menschlichen Zusammenlebens zählt, dass man im Grunde genommen keine Macht über die Befindlichkeit eines anderen Menschen hat. Zugegebenermaßen gibt es natürlich mächtige Möglichkeiten, einen anderen Menschen zu beeinflussen, ihn etwa durch Gewalt, Folter, Raub, Vergewaltigung, Kränkung oder Beleidigung nachhaltig zu bedrohen und zu verletzen, und es gibt großartige Möglichkeiten, einen anderen Menschen durch Zuwendung, Unterstützung, Hilfe, Lob und Geschenke wirkungsvoll zu bestätigen. Doch ganz in der Tiefe verbleibt ein Freiheitsgrad für das eigene Befinden, das jeder äußeren Beeinflussung widerstehen kann. Die angeführten Extreme sind indes für den Alltag der Beziehungskultur kaum relevant.

Die Entscheidung, ob man sich über etwas freut oder ärgert, ob man sich gekränkt oder beleidigt fühlt, ob man sich als gemeint und angesprochen erlebt oder die Äußerungen eines anderen als dessen Meinung oder Problem erkennt und so stehen lässt, verbleibt letztlich in der Verantwortung des Subjekts. Der Frühgestörte wird immer gierig Anerkennung erwarten, misstrauisch Bedrohung und Abwertung befürchten, alles Mögliche als Kränkung erleben, grundsätzlich aus eigener Entfremdung missverstehen und aufgrund irrationaler Erwartungen reagieren. Auf der Basis guter früher Bestätigung und gesicherter Identität entwickelt sich dagegen eine Selbstwahrnehmung, die für die Befindlichkeit führend bleibt und sich durch fremde Bemerkungen nicht wesentlich beeinflussen lässt. Bei halbwegs stabilem Selbstwertgefühl werden Kritik, Lob und Tadel, aber auch andere Ansichten am Maßstab eigener Erfahrung geprüft und dann akzeptiert, zurückgewiesen oder in den eigenen Erfahrungsschatz integriert, ohne wesentliche Konflikte auszulösen.

Eine wesentliche Aussage wie etwa «Ich liebe dich!» kann bei vorliegender Frühstörung als Bedrohung, Hohn, als Manipulation, Erpressung oder Lüge, auch als billige

Phrase empfunden werden, sie kann aber auch begierig aufgesaugt werden und die Erwartung schüren, immer mehr davon zu bekommen – und alle diese Reaktionsweisen sind unabhängig davon, wie die Aussage wirklich gemeint war. Frühstörung führt zu unberechenbaren und nicht nachvollziehbaren Reaktionen – jedenfalls nicht nachvollziehbar, ohne die Seelengeschichte des anderen näher zu kennen. Wird hingegen ein Mensch, der mehr Bestätigung erfahren hat, mit der gleichen Aussage «Ich liebe dich!» konfrontiert, so wird dieser rasch überprüfen, ob damit tatsächlich seine liebenswerten Seiten gemeint sind oder der andere lediglich etwas für sich erreichen möchte. Je nachdem wird er die Aussage entweder freundlich aufnehmen, gegebenenfalls sogar neue Aspekte an sich entdecken oder ohne große Erregung erkennen, dass derjenige, der seine Liebe zu ihm beschwört, eigentlich eher sich selbst meint.

Es ist ein Reifezeichen menschlicher Entwicklung, dass man in der Selbsteinschätzung von den Aussagen anderer immer unabhängiger wird. In Rahmen einer Partnerschaft bedeutet dies, dass eben nicht der Partner einen glücklich oder unglücklich machen kann und man selbst auch keine Macht hat, den anderen wirklich glücklich oder unglücklich zu machen. Erwartungen an den Partner, ein bestimmtes Verhalten zu zeigen, oder heftige Reaktionen auf dessen Aussagen, Tun oder Unterlassen verraten immer die Beteiligung von Frühstörungsfolgen. Ohne diese Störungen würde man die Aussagen daraufhin prüfen, ob sie auf einen zutreffen, dann entsprechend bestätigen oder bedauern oder aber feststellen, dass man nicht wirklich gemeint sein kann und sich deshalb weder besonders zu freuen noch aufzuregen braucht.

Die für eine gute Partnerschaft zentrale Frage lautet also nicht, was kann ich für den Partner tun, sondern was kann ich tun, damit wir uns verstehen, verständigen und einander vertrauen können. Auch wenn nur einer von beiden sich um seinen Anteil an einer guten Beziehung bemüht und der andere gar nicht, ist die Partnerschaft immer noch besser, als wenn beide ständig aufeinander rumhacken, sich gegenseitig beschuldigen, bekämpfen und verfolgen. Die Akzeptanz der eigenen Fehler und Begrenzungen, das Wissen um die eigene Verantwortung für die Beziehung und der Ausstieg aus einer kollusiven Streitkultur sind die einzigen Fähigkeiten, die man für die Optimierung seiner Beziehung aufbieten kann. Mehr ist mit eigenen Mitteln aus einer Partnerschaft nicht zu machen. Natürlich kann ein Partner vom anderen lernen und auch seine Möglichkeiten ausschöpfen – das gemeinsame Bemühen um Partnerschaftlichkeit erfüllt bereits einen verbindenden Sinn für die Beziehung. Will jedoch nur einer der beiden die Partnerschaft verbessern – häufig durch den Einfluss Dritter, etwa Therapeuten, Berater, Seelsorger oder Freunde –, dann kommt es nicht selten dazu, dass der andere regelrecht gegensteuert, also alles daransetzt, um das gewohnte Zusammenspiel, den Status quo der gemeinsamen Störungen, zu erhalten bzw. wiederherzustellen. Gewinnt einer der beiden Partner etwa auf dem Weg einer Therapie wesentliche Einsichten, so stellen diese Erkenntnisse auch das Verhalten des anderen grundsätzlich in Frage. Dieser will mit seiner komplementären Problematik aber meistens gar nichts zu tun haben und fühlt sich durch das veränderte Verhalten seines Partners sogar bedroht. Denn der Partner war ja gerade wegen seiner *spezifischen* Störungen so anziehend gewesen und verliert mit seiner Entwicklung und Reifung die süß-saure Attraktivität der falschen Begeisterung und ungerechten Abwertung. In einer solchen Situation muss der andere diesen schwierigen Befreiungsweg auch gehen, oder man wird sich trennen müssen, da die Kollusion der Störungen nicht mehr funktioniert und eine reifere Form der Gegenseitigkeit nicht gewollt wird. Die Verantwortung dafür, wie viel Kampf und Mühen man aushält, mit dem Ziel, eine gemeinsame neue Ebene zu finden, liegt bei jedem selbst. Die verpflichtende Formel «Bis dass der Tod euch scheidet!» darf jedenfalls nicht gegen die Verpflichtung des Einzelnen geltend gemacht werden, seinen Lebenssinn zu erfüllen. Partnerschaft sollte niemals als Zwangsbeziehung gefordert und gelebt werden. Kein Partner trägt Verantwortung für den anderen. Jeder Partner steht in der Pflicht, sein Bestes für die Beziehung zu tun. Die Hoffnung aber oder gar die Erwartung und Forderung, dass der Partner sich zu verändern und wie gewünscht zu verhalten habe, ist keine Option für die Realität. Eine solche Einstellung ist Symptom der eigenen Unreife.

3. Lass dich nur auf Partnerschaft ein, wenn du akzeptierst, dass es nicht fürs ganze Leben sein muss

Aus frühgestörter Verliebtheit heraus glaubt man, nur mit diesem einen Partner und natürlich für das ganze Leben zusammen sein zu wollen. Alles oder nichts, ganz oder gar nicht, entweder – oder sind typische Abwehrmuster früher Entwicklungsstörungen, die keine Ambivalenz, keine Dynamik, keine «Zwischentöne» erlauben, die aus tiefer Unsicherheit und Bedrohtheit ein «Sowohl als auch» nicht zulassen.

Fast jeder weiß, dass Beziehungen aufblühen und verwelken, kommen und gehen, weil die Lebenskurven von Menschen immer nur kurze Zeit zusammenpassen und der eigene Weg mit dem keines anderen identisch sein kann. Partnerschaft ist das gemeinsame Bemühen, die verschiedenen Wege so lange wie möglich einander nahe zu halten, die unvermeidbaren Distanzen zueinander zu respektieren und sich in den Verschiedenheiten idealerweise sogar zu unterstützen. Man kann im Laufe seines Lebens wesentliche Beziehungen so wechseln, wie man sich mitsamt seinen Störungen jeweils den veränderten Lebensbedingungen anpassen kann, und so geschieht dies in der Regel auch. Dann stürzt man sich praktisch von einer Kollusion in die nächste, glaubt an eine neue belebende Chance, doch in der Tiefe folgt die neue Beziehung nur dem alten begrenzten Muster und wird bald wieder zu jener Verstrickung führen, die zuvor zum Bruch mit den früheren Verhältnissen geführt hatte. Jeder wird sich vielleicht an ein Dutzend besonderer Beziehungen erinnern, die große Bedeutung auf dem Lebensweg hatten, und dann war es irgendwie vorbei, die Interessen gingen auseinander, man hatte sich plötzlich nicht mehr viel zu sagen, die Übereinstimmungen gingen verloren, man zerstritt sich oder verlor sich einfach aus den Augen. Trifft man alte Freunde, gibt es gern ein großes Hallo, man schwelgt in Erinnerungen – und plötzlich ist es vorbei. Jetzt müsste man ganz persönlich werden, die eigenen Veränderungen und Erfahrungen übermitteln, statt über die gemeinsame Vergangenheit zu sprechen, und an diesem Punkt stockt dann meistens das Gespräch – zu viel Geschichte liegt dazwischen, die erst mitgeteilt und emotional verarbeitet werden müsste, und auch dann bliebe ungewiss, ob und auf welche Weise man sich noch wirklich versteht oder einander nahe ist.

Angesichts der Gefahr, dass die Harmonisierung der unterschiedlichen Lebenskurven in eine Abhängigkeitsbeziehung führt, in der beide auf ihre Entwicklung verzichten, dann aber mit ihrer Kollusion zu kämpfen haben, spricht manches dafür, das «Modell» einer Lebensabschnittspartnerschaft zu favorisieren. Auch dieses ist mit dem nicht geringen Risiko verbunden, dass man sich immer wieder aufs Neue den zur eigenen Störung passenden Partner sucht. Die wirkliche Alternative dazu ist, Partnerschaft als eine Entwicklungsbeziehung mit den Mühen der Beziehungskultur zu verstehen, ohne daraus irgendeine Garantie einer Gemeinschaft fürs ganze Leben abzuleiten. Wer Partnerschaft mit den Grundsätzen einer Beziehungskultur lebt, also die Übertragungen aus Frühstörungen unter Kontrolle nimmt, Eigenständigkeit in Bezogenheit erreicht, Verantwortung für die Beziehung übernimmt, Verschiedenheit und Begrenzung akzeptiert, zur emotionalen Verarbeitung des Schattens bereit und in der Lage ist und ehrlich verhandelt, der ist praktisch ein Partner für alle Fälle und alle Schwierigkeiten.

Dennoch wird man sich mit Recht einen halbwegs ebenbürtigen Partner wünschen, der seinen Anteil zur Arbeit an der Beziehung beiträgt: Wie viel das sein muss oder wie wenig das sein darf, verbleibt in der eigenen Verantwortung.

Es gibt drei große Bereiche, die als reale Faktoren

selbst das redlichste Bemühen beider Partner füreinander stark belasten können: Kinder, Sex und Geld.

Kinder haben ein Anrecht auf beide Elternteile. Vater und Mutter sind unersetzbar – jeder Verlust bedeutet Stress mit all seinen nachteiligen Auswirkungen auf das Kind. Partner, die sich für Kinder entscheiden, müssen sich für eine Elternschaft verpflichten, die auch über ihr Zusammenleben hinausreicht. Verantwortung und Verpflichtungen für die soziale und materielle Absicherung, für die Betreuung und Begleitung der Kinder sind unabhängig von der Dauer der Partnerschaft von Anfang an abzusprechen, zu verhandeln, zu regeln und sich gegenseitig zuzusichern, gegebenenfalls auch einzuklagen. Partnerschaft kann jederzeit enden, Elternschaft aber nie!

Für die Kinder ist das Zusammenleben ihrer Eltern nicht unbedingt die beste Lösung. Es geht um die Qualität der zur Verfügung gestellten «Mutterwelt» und «Vaterwelt». Und die kann unter Umständen getrennt voneinander wesentlich besser vermittelt und erlebt werden als in der Qual eines gestörten Zusammenlebens.

Ein Kind verändert jede Partnerschaft grundlegend. Aus einem Zweierverhältnis wird ein Dreierverhältnis. Das Format der partnerschaftlichen Beziehung wird völlig neu erlebt und muss infolgedessen auch neu verhandelt werden. Ein Kind sollte auf keinen Fall als «Kitt» für die Partnerschaft missbraucht werden, aber ein Kind darf auch nicht die Zweisamkeit seiner Eltern auflösen, was allerdings ausschließlich in der Verantwortung der Eltern liegt. Sie müssen sich Raum und Zeit für ihre Beziehungskultur nehmen, in der das Kind dann nichts zu suchen hat. Diese Perspektive leitet über zur großen Bedeutung der Sexualität. Partnerschaft bietet einerseits die besten Voraussetzungen für eine gelingende Sexualität, andererseits kann Sexualität zur Qual und Hölle einer Beziehung werden. In den meisten Fällen wird man eine Partnerschaft auch wegen der sexuellen Bedürfnisse eingehen. Die Zusicherung des Zusammenlebens, die Chancen, sich umfassend kennenzulernen, die Vertrautheit und die vielfachen Gelegenheiten bieten den besten Nährboden für das Sexualleben. Allerdings gibt es auch sexuell kaum eine selbstverständliche Übereinstimmung. Die Gewohnheiten und Vorlieben, der biologische Druck, die Häufigkeit, die Spielarten der Liebe, die Techniken, die großen und kleinen Perversitäten, die Erfahrungen, die seelischen Inhalte, die über die Genitalien und ihre Säfte transportiert werden, die Ängste und Unsicherheiten, die inneren und äußeren Ablenkungen sind so vielgestaltig und unterschiedlich, dass eine spontane sexuelle Übereinstimmung nur die Ausnahme sein kann. Umso mehr lebt die Sexualität in der Partnerschaft vom Sich-Kennenlernen, vom Ausprobieren und vor allem vom Absprechen und Verhandeln.

Die selbstverständlichen Verschiedenheiten lassen sich nur durch Austausch untereinander verstehen und überbrücken. Partnerschaft ist dann nicht nur sexualökonomisch eine sichere Bank, sondern sichert auch durch das Sich-Mitteilen, das Darüber-Sprechen, das Sich-Abstimmen eine Lustoptimierung. Mancher lebt seine Lust getrennt von der Beziehung, beispielsweise durch Selbstbefriedigung, durch One-Night-Stands und mit häufig wechselnden «Partnern», mit Huren oder Callboys – doch selbst das geilste Erlebnis bleibt eine Notlösung, wenn Kopf, Herz und Genitalien nicht zur Harmonie finden und eine ganzheitliche Lustwelle ermöglichen.

Die Werte der Beziehungskultur werden in einer guten Partnerschaft auch die Sexualität wesentlich befreien und bereichern – die Partnerschaft bietet dann praktisch die besten Voraussetzungen für die notwendige Abstimmung. Andererseits zeigen sich partnerschaftliche Störungen am ehesten in der Sexualität, und eine wachsende Lustlosigkeit oder sexuelle Funktionsstörungen sind deutliche Hinweise auf die bestehende Beziehungsstörung. Dann werden das Bemühen um die Beziehung und die Klärung anliegender Konflikte in aller Regel auch die sexuellen Schwierigkeiten beheben. Es ist immer besser, vor einer möglichen Sexualberatung eine Partnerschaftsberatung in Anspruch zu nehmen, bzw. eine gute Sexualberatung ist immer zuerst auch eine Arbeit an der Beziehungsfähigkeit.

Wenn mit einem Partner eine befriedigende Sexualität nicht mehr möglich ist, fällt eine wesentliche Basis partnerschaftlicher Beziehung weg. Wird die Partnerschaft dennoch erhalten – ohne sich sexuell frei zu geben –, ist das zumeist ein wichtiger Hinweis auf ein unbewusstes oder ungewolltes Leiden aneinander zur gemeinsamen Abwehr belastender Frühgeschichten.

Das Geld kann eine Partnerschaft regelrecht töten, aber auch vitalisieren. Für viele Männer ist Geld ein Potenzsymbol ersten Grades. Sie erkaufen sich ihre Bedeutung. Sie leben – unterstützt von ko-narzisstischen Frauen – mit der Einbildung: Geld erotisiert, oder Geld ist (macht) geil! Dann werden in Partnerschaft und Sexualität auch die Attribute des Luxus unterhalten und gepflegt, weitab von echter Beziehung, Herzlichkeit, ehrlichem Austausch und natürlicher Erotik. Weniger aufgebläht, schafft Geld aber vielen Paaren auch die Grundlage für gemeinsame Aufgaben und Verpflichtungen (Kinder, Wohnung, Haus, Arbeit) und gibt Sicherheit in Notlagen (Arbeitslosigkeit, Krankheiten, Unfälle, Pflegebedürftigkeit). Auch und besonders im Umgang mit Geld helfen die Grundsätze der Beziehungskultur für die notwendigen Klärungen, Absprachen und Vereinbarungen. Gehe keine Partnerschaft ein, ohne die Geld- und Besitzangelegenheiten für alle Fälle klar geregelt zu haben!

Denn gemeinsame Schulden, finanzielle Abhängigkeiten und ungeregelte Besitzverhältnisse machen eine Partnerschaft zum Gefängnis oder zum Streitfall – zum Feld für das heillose Austragen früher Kränkungen und Verletzungen. So kann Frühbedürftigkeit über ungeregelte Geldangelegenheiten leicht zum juristischen Streit führen, bei dem der Partner zum Ersatz-Hassobjekt gemacht wird. Wer sich aus finanziellen Gründen nicht trennen kann oder mag, der lebt in einer verseuchten Beziehung, in der Liebe und Lust nicht mehr aufblühen können.

Die drei genannten Realfaktoren, die eine Partnerschaft wesentlich beeinflussen – Kinder, Sexualität und Geld –, weisen nachdrücklich darauf hin, dass eine befriedigende Partnerschaft nur durch Grundsätze einer Beziehungskultur zu erhalten ist. Unvermeidliche Verschiedenheiten in den Bedürfnissen, Aufgaben und Verpflichtungen fordern eine ständige Kommunikation, in der Unterschiede und Begrenzungen akzeptiert, die besten Möglichkeiten gesucht, verhandelt und vereinbart werden.

Denn nichts ist selbstverständlich! Gewohnheiten töten die Lust und verhindern notwendige Entwicklungen! Der Partner ist nicht für mich da und ich nicht für ihn.

Partnerschaft ist kein Freibrief für Ausbeutung und kein Schuldturm bei Abgrenzung. Partnerschaft bietet durch Raum, Zeit, Vertrauen und Verbindlichkeit die besten Voraussetzungen für Beziehungskultur, und die Grundsätze einer Beziehungskultur geben einer Partnerschaft optimale Chancen.

4. Partnerschaft kann erst nach Ablösung von den Eltern gelingen

Zu den Hauptinhalten dieses Buches zählt das Anliegen, Beziehungskultur als Überwindung unbewusster Übertragungen zu verstehen. Dabei geht es um die entscheidende Frage, wie man lernt, gegenwärtige Realbeziehungen von Übertragungsbeziehungen zu differenzieren. Mit Übertragungsbeziehungen sind die unbewussten Wiederholungen der früh erfahrenen traumatischen und defizitären Beziehungsmuster mit den ersten Bezugspersonen (in der Regel mit Mutter und Vater) gemeint. Ihre ständigen Reinszenierungen dienen vor allem dazu, die frühe Wahrheit zu verleugnen, werden zugleich aber auch mit der unbewussten Hoffnung auf eine «Erlösung» befrachtet. Es gilt also das Motto: Erfährt man heute das Gleiche wie damals, vermeidet also jede Veränderung oder gar Verbesserung der Beziehungserfahrungen, dann wird das frühe Elend nicht so spürbar, weil man mit dem realen gegenwärtigen Elend zu tun hat. «Frühes Elend» aber hat immer eine ganz andere – bedrohlichere – Qualität, da ihm die hilflosere Erfahrungsperspektive des kleinen Kindes als Maßstab des emotionalen Erlebens zugrunde liegt. Und natürlich schwelt die Hoffnung, endlich doch so verstanden, bestätigt und geliebt zu werden, wie man es damals so dringend gebraucht hätte. So ist jede gegenwärtige bessere Beziehung mit zwei großen Gefahren behaftet: Sie könnte zum einen das Defizit von damals schmerzvoll spürbar werden lassen und muss deshalb unbedingt abgewertet oder wieder zerstört werden; oder sie könnte zum anderen die Sehnsucht nach Erfüllung wecken und damit eine gierige, süchtige Umklammerung des Beziehungspartners bewirken, was auch jede normale Beziehungsdynamik durch extreme Abhängigkeit, hohe Kränkbarkeit und unstillbare Bedürftigkeit ersticken würde.

Um aus einer Übertragungsbeziehung zu einer partnerschaftlichen Beziehung zu gelangen, ist die belastende Einsicht in die eigene frühe Lebensgeschichte und ihre emotionale Verarbeitung erforderlich. Dies wird ohne geeignete Psychotherapie oftmals nicht gelingen. Aber jeder kann sich nach seinen Möglichkeiten um die Verminderung von Übertragungen bemühen.

Übertragungsbeziehungen erkennt man daran, dass

- immer wieder dieselben Konflikte entstehen;
- man glaubt, der andere sei schuld;
- man eigene Konfliktanteile nicht erkennen kann oder gar nicht für möglich hält;
- gute Vorsätze nicht durchgehalten werden;
- Absprachen und Vereinbarungen nicht gelingen oder nicht eingehalten werden;
- es großen Streit um kleine Angelegenheiten gibt;
- über etwas gestritten wird, statt von sich zu sprechen (Externalität statt Internalität);
- man Feinde braucht;
- man streitet, statt zu weinen (häufig schmerzvermei-

dende Männer), und weint, statt aggressiv zu werden (häufig Aggression vermeidende Frauen);
- man in Belastungssituationen Symptome entwickelt;
- man Entwicklung bzw. Veränderung vermeidet, Erfolg verhindert oder *unbedingt* braucht;
- man von Misserfolgen, Pech und Unfällen geplagt ist oder sich immer wieder in unglücklichen Verhältnissen wiederfindet.

Wem es nicht gelingt, solche Krisen zu vermeiden, der benötigt Hilfe, um seine Übertragungstendenzen erkennen und abbauen zu lernen.

Wirkliche Ablösung von den Eltern meint den zu lernenden Verzicht auf Übertragungen. Wenn sie sich von den Eltern räumlich entfernt haben, ganz andere Berufe ausüben oder andere Lebenseinstellungen gefunden haben, glauben viele, sie hätten damit auch ihr Ablösungsproblem beseitigt. Mancher lebt sogar im Streit, in Zerwürfnis und Hass mit seinen Eltern und beweist gerade dadurch seine unbewältigte Ablösung. Es geht also nicht um die äußere Distanz, sondern um die innere Unabhängigkeit. Zu diesem Zweck muss man gewissermaßen alle wesentlichen Einflüsse der Eltern, ihre Haltungen, Meinungen und Überzeugungen kritisch überprüfen, das für das eigene Leben Gültige bewusst übernehmen, das Ungültige «hinauswerfen» und vor allem das Falsche, Verlogene, Verletzende erkennen und emotional verarbeiten. Ablösung von den Eltern heißt, ihre Stärken anzuerkennen und zu schätzen, um ihre Fehler und Schwächen zu wissen und deren Auswirkungen zurückzuweisen. Der Ablösungsprozess ist also in erster Linie ein Erkenntnis- und ein emotionaler Verarbeitungsprozess. Ohne gelebte

Wut, Schmerz, Trauer und dankbare Anerkennung hat man sich nicht von den Eltern gelöst. Diese wirkliche Verselbstständigung muss keinesfalls mit den Eltern real ausgetragen werden: Weder muss man sie informieren noch sich ihnen erklären, und schon gar nicht sollte man mit ihnen «abrechnen» wollen, ihnen endlich mal die Meinung sagen, die ganze Wahrheit entgegenschleudern oder gar noch ihr Verständnis und ihren Segen erwarten. Einsicht seitens der Eltern, Verständigung mit ihnen und erlebte Versöhnung sind sicherlich sehr angenehme Erfahrungen, aber kaum realistisch. Jedenfalls wird man Eltern nur sehr selten zu Erkenntnissen bringen können, die sie belasten. Kommen Eltern in eigener kritischer Bilanz zu Einsichten, kann vielleicht eine Verständigung wieder möglich werden. Aber dies alles ist lange nicht so wichtig wie der innere Ablösungsprozess, der unabhängig vom Realverhalten der Eltern und selbst nach ihrem Tod noch möglich ist und auch zur eigenen Verantwortung gezählt werden muss.

Wenn man auf diesem Wege das Risiko vermindert, den Partner als Mutter oder Vater zu sehen oder ihn dahingehend zu manipulieren, hat man Partnerschaftsfähigkeit erreicht. Dann kann man den Partner so sehen, wie er ist, kann Stärken dankbar nutzen und genießen, kann Schwächen und Grenzen akzeptieren oder Hilfen anbieten, kann mit klaren Ansagen verhandeln und Vereinbarungen gut einhalten. Die Sehnsucht hält sich in Grenzen, Erwartungen bleiben realistisch, Hass findet keinen Nährboden, und Enttäuschungen zerstören nicht die Beziehung.

Was die Eltern nicht gegeben haben, kann kein Partner einlösen, was die Eltern verbrochen haben, dafür ist kein Partner verantwortlich oder schuldig. Partnerschaft ist immer nur begrenztes Glück, Partnerschaft ist immer Arbeit an der gemeinsamen Beziehung, Partnerschaft ist aber niemals hasserfüllte Feindseligkeit, gewollte Kränkung, Verletzung oder Abwertung.

5. Du musst dich bei jedem Konflikt fragen, was dein Anteil daran ist

Konfliktarme Partnerschaft steht im Verdacht, eine Übertragungsbeziehung zu sein, konfliktreiche allerdings erst recht! Man findet Interesse aneinander, wenn wesentliche Eigenschaften der Partner wie Schloss und Schlüssel ineinanderpassen. Die erlebte Zuneigung ist dann an ein bestimmtes Verhalten des anderen gebunden: Es geht um Dominanz und Unterordnung, um Führung und Gefolgschaft, um Grandiosität und Bewunderung, um Fürsorge und Hilfsbedürftigkeit. Ein konfliktfreies Zusammenspiel funktioniert so lange, bis einer von beiden sein einseitiges Verhalten aufgeben oder erweitern möchte. Dann stimmt die Rollenverteilung nicht mehr. Da aber ein einseitiges Verhaltensmuster vor allem der Abwehr verborgener, belastender Erfahrungen dient, werden mit der Veränderung der Beziehung unweigerlich Verunsicherung und Angst ausgelöst.

Dazu ein Beispiel: Entdeckt ein dominanter Partner seinen bislang abgewehrten Wunsch, sich auch einmal führen zu lassen, und richtet dieses Ansinnen an den bisher abhängigen Partner, so wird dieser nicht nur durch die neue Herausforderung verunsichert, mit der er keine Erfahrung und Übung hat, sondern er wird sich auch bedroht fühlen, weil seine bisherige Abhängigkeitsrolle das Erziehungsergebnis von Einschüchterung und Unterwerfung ist und ein unabhängiges Verhalten ehemals mit Strafe, beispielsweise mit Liebesentzug, belegt war. So liegt es nahe, dass die Veränderung und Entwicklung des Partners als bedrohliche Störung erlebt und er selbst als Täter verstanden wird, der schuldig sei am Verlust der Beziehungsharmonie.

Es ist nahezu «normal», dass im Konfliktfall immer die Schuld beim anderen gesehen wird. Das braucht fast jeder zur narzisstischen Regulierung, um eigene Fehler und Schwächen zu verbergen, um die eigene Begrenzung und Rigidität nicht zur Kenntnis nehmen zu müssen, und vor allem, um nicht an unterdrückte schmerzliche Erfahrungen erinnert zu werden.

Mit der Anklage «Du bist schuld!» rettet man die Reste seines Selbstwertgefühls und versucht, die mühevoll erworbene Stabilität trotz aller seelischen Verletzungen zu schützen und zu erhalten. Für eine Partnerschaft bedeutet dies aber den Einstieg in eine quälende Beziehung, deren Sinn darin besteht, früh erlittenes Leid in der Verdrängung zu halten. Trennung oder eine aufreibend konfliktreiche Beziehung sind die Folge, wenn das Zusammenspiel der Abwehreigenschaften nicht mehr funktioniert. Der berühmte «dritte Weg» wird erst möglich, wenn man sich nicht mehr als Opfer versteht – selbst dann nicht, wenn sich dem Partner reales Fehlverhalten nachweisen lässt –, sich vielmehr immer fragt, worin der eigene Anteil daran bestehen könnte.

Ein Konflikt besteht immer aus zwei Hälften – selbst wenn man von der eigenen Unschuld überzeugt ist und sich nach außen eindeutig ein Täter feststellen lässt. Um ein Gefühl für diese zumeist verleugnete Dialektik zu bekommen, gebe ich einige Beispiele, die bewusst die gewöhnliche Perspektive umkehren:

- Wer schweigt, lässt andere sprechen.
- Wer klagt, ist für andere eine Belastung.
- Wer fragt, nötigt zur Antwort.
- Hilflosigkeit zwingt zum Handeln.
- Verweigerung provoziert Versorgung.
- Zögern macht andere zu «Draufgängern».
- Enttäuschung verführt zu Schuldgefühlen.
- Der Passive lässt andere arbeiten, der Abhängige beutet aus, der Mitläufer sanktioniert auch Unrecht, und der Untertan stabilisiert Herrschaft.

Auch in der Opferposition, in der naiven Rolle des «Ich hab' doch gar nichts getan!» oder in der Verleugnung: «Das habe ich nicht gewusst!» kann Schuld am Konflikt oder an Fehlentwicklungen liegen.

Der Sog in Richtung Übertragung ist in der Partnerschaft normal. Denn er entspricht der Situation, dass der Blick auf den anderen und nicht auf sich selbst gerichtet ist. Der Partner trägt dann alle Hoffnungen. Er ist das Objekt der Sehnsucht, derjenige, der die Erwartungen erfüllen soll – der Glücksbringer, der Helfer und Erfüllungsgehilfe, letztlich der «Erlöser». Der Partner ist aber immer auch der Ent-täuscher, der Verräter, der Versager – der einfach nicht so sein will wie gewünscht und erwartet. Solange Übertragungen dominieren, herrschen auch offene oder stille Vorwürfe, erstarrt die Liebe, erlahmt die Lust, brechen Langeweile oder offener Kampf aus. Die guten Chancen in einer Partnerschaft sind dagegen nicht selbstverständlich, sondern müssen stets und immer wieder aufs Neue gemeinsam erarbeitet werden. Dieser Arbeitsweg ist in den «Grundlagen der Beziehungskultur» beschrieben. Die Qualität einer Beziehung hängt weniger vom Verhalten des Partners als vom eigenen Verhalten ab. Jedes Fehlverhalten des Partners hat seine Quelle auch bei einem selbst. Nur wer sich nach seinem Anteil fragt und darauf Antworten findet, entzieht dem Streit und Kampf wesentliche Munition und bleibt handlungsfähig. Den Partner kann man eigentlich nie verändern; für einen selbst hingegen gibt es immer Alternativen und Möglichkeiten der Einsicht und Veränderung. Auf dem schuldigen Partner lasten immer die Projektionen des anderen, völlig unabhängig von seinem realen Verhalten. Erst die Rücknahme der Projektionen erlaubt eine halbwegs gerechte Einschätzung der Realschuld des anderen. Aussagen wie: «Du hast mich verletzt!», «Du kränkst mich!», «Du bist ungerecht!», «Das ist gemein von dir!», «Du hast angefangen!», «Du verstehst mich nicht!», «Du nimmst mich nicht ernst!», «Du nimmst keine Rücksicht!» und ein Heer ähnlicher Vorwürfe sind in Wahrheit vollkommen sinnlos und überflüssig. Stattdessen müsste es heißen: «Ich verletze mich!», «Ich kränke mich!», «Ich fühle mich ungerecht behandelt!» Oder gar: «Ich brauche ein Ungerechtigkeitsgefühl!», «Ich bin so empfindlich!», «Ich darf keine Schuld haben!», «Ich brauche Verständnis, weil ich so unsicher bin!», «Ich möchte beachtet werden, weil ich mich sonst minderwertig fühle!», «Ich brauche Hilfe und Unterstützung!»

Ich weiß, dass dies kaum sofort verstanden werden kann. Deshalb noch einige Worte dazu: Der Vorwurf «Du nimmst keine Rücksicht» etwa unterstellt, dass die

Erwartung berechtigt sei, der andere solle die eigene Position kennen, respektieren und berücksichtigen. Warum eigentlich? Ist der Partner ein «Sklave», der nach bestimmten Vorstellungen zu leben hat? Mit dieser Einstellung nimmt also derjenige, der den Vorwurf erhebt, selbst keine Rücksicht auf den anderen, auf dessen Möglichkeiten, Interessen, Grenzen und Verschiedenheit. Wer Rücksicht erwartet, überträgt irrationale Sehnsucht, wer Rücksicht fordert, nötigt den anderen zur Unterwerfung. Wünsche, Ängste und Belastungen lassen sich jedoch kommunizieren, und man kann Vereinbarungen aushandeln, wie man mit ihnen auskommen und sich abstimmen kann. Oder man stellt fest, dass eine Übereinstimmung und Absprache nicht möglich sind; dann trägt jeder die Verantwortung für die Konsequenzen: aushalten, erdulden, klagen oder drohen? Erpressung, Gewalt, Trennung? Das kann jeder nur für sich entscheiden. Jeder ist der Konflikt, und jeder ist die Lösung des Problems – niemals aber nur der Konfliktpartner.

Erst mit Rückzug der Übertragungen werden die unvermeidbaren Verschiedenheiten deutlich. Damit ist die Grundlage für partnerschaftliche Verhandlungen geschaffen. Wenn vorher alle Eigenschaften des Partners für Übertragungen genutzt werden konnten, so verbleiben mit der Akzeptanz der Getrenntheit und Verschiedenheit wesentlich weniger Schnittstellen der Beziehung; diese lassen sich dann aber auch bereichernd, belebend und lustvoll gemeinsam ausgestalten und erleben.

6. Nichts ist selbstverständlich

Der Tod jeder lebendigen Beziehung ist die Gewohnheit. Man gewöhnt sich aneinander – und das heißt nichts anderes, als dass man sich auf die Eigenschaften und Möglichkeiten des Partners eingespielt hat. Damit bleiben das Spontane, das Überraschende, das Besondere auf der Strecke. Das Geheimnisvolle wird entzaubert, die Neugier erlahmt, die Erotik wird fade – und still und heimlich wachsen Sehnsüchte nach einem anderen Partner. Dabei wird kaum noch realisiert, dass es die eigene Anpassung ist, die Entwicklung verhindert. Natürlich ist Gewohnheit ein Schutzmechanismus: Man weiß, woran man ist, was geht oder nicht möglich ist, wie der Partner in etwa reagieren wird. Das eingespielte Paar schützt sich gemeinsam vor der Aktivierung schmerzlicher Erinnerungen, leider unvermeidbar auf Kosten der lebendigen Entfaltung. Die Grenzen der Beziehung werden allmählich belastend, und der Partner wird in aller Regel zum Schuldigen erklärt. So wird das bisher Selbstverständliche langsam, aber sicher fade, langweilig und lästig. Man möchte ausbrechen, Abenteuer erleben und leidet an der unannehmbaren Bilanz, dass dies doch noch nicht alles gewesen sein kann.

Die schützenden Gewohnheiten haben zu dem Denkfehler geführt, dass alles selbstverständlich sei,

- wofür der Partner da sein soll,
- wie der Partner sich verhalten muss,
- wie die Zuständigkeiten, die Verantwortlichkeiten, die Pflichten und Rechte verteilt sind,
- was man vom anderen erwarten kann.

Diese Einstellung macht den Partner zum Opfer, zum Objekt, zum Besitz. Die Erleichterung durch Gewohnheiten und durch die genaue Kenntnis des anderen schlägt um in Unzufriedenheit und Abwertung, wenn es immer langweiliger wird. In Wahrheit ist nichts selbstverständlich: nicht, dass der Partner mich wirklich versteht und ebenso fühlt wie ich; nicht, dass er mir zur Verfügung steht und die gleichen Bedürfnisse und Interessen hat wie ich; und auch nicht, dass bisherige Übereinstimmungen und Absprachen ewige Gültigkeit besitzen. Nur wer akzeptieren kann, dass zwischen sich selbst und dem Partner eine grundsätzliche Verschiedenheit besteht, verleiht beiden den Status einander ebenbürtiger Erwachsener. Wenn auch zu Beginn einer Beziehung vieles gut zu harmonieren scheint – dank der Bewusstseinsveränderung der Verliebtheit, der eingerasteten Kollusion oder der tatsächlichen situativen Nähe der Lebenskurven –, das alles geht bald vorüber. So muss man im Grunde genommen ständig neu verhandeln, wie man das Zusammenleben organisieren und gestalten will. Eine solche Zwiesprache, Internalität und Absprache ist in einer sich entwickelnden lebendigen Partnerschaft – in einer Partnerschaft auf der Basis von Beziehungskultur – keine Last mehr, sondern Quelle lustvoller Öffnung, Verständigung und dynamischer Weiterentwicklung. So kann jeder immer wieder seine Lebenskurve finden, gestalten und darin zugleich vom Partner angeregt, unterstützt und kritisch hinterfragt werden. Das adelt die Beziehung!

SCHLUSS: WEGE ZU EINER ANDEREN GESELLSCHAFT

Wir müssen uns darauf einstellen, dass materielles Wachstum begrenzt ist. Daran ändern auch die Erfindung und Entwicklung neuer Produkte nichts. Begrenzung ist eine Frage erschöpfbarer Ressourcen, ökologischer Verträglichkeit, von Verteilungsgerechtigkeit und individuellen Möglichkeiten. Konsum ist eben nicht nur sinnvoll und notwendig, sondern erreicht schnell schädliche Dimensionen. Dient der materielle Verbrauch dazu, seelische Defizite zu kompensieren, werden destruktive Suchtmechanismen in Gang gesetzt. Begrenzung aber ist eine unverrückbare natürliche Realität. Je mehr wir die Begrenzung unseres individuellen Lebens leugnen, desto mehr wollen wir offenbar das uns zur Verfügung stehende Leben für egoistische Interessen ausbeuten und verlieren dabei die Genussfähigkeit und den Bezug zu mitmenschlichen Verhältnissen und komplexen Zusammenhängen. Um mit Erich Fromm zu sprechen, wollen wir den Verlust an Sein durch immer mehr Haben ausgleichen.

Wachstum wird sich noch einige Zeit lediglich relativ verschieben, es wird auf- und abblühende Regionen geben, aber das ändert nichts an dem grundlegenden Problem der Wachstumsgrenze. Verteilungsgerechtigkeit – in ebenso globalem Maßstab wie die globalisierte Wirtschaft – müsste zur wichtigsten politischen Aufgabe avancieren.

Wir sind jedoch keineswegs dazu gezwungen, die Grenzen des Wachstums oder sogar das Absinken des materiellen Lebensstandards zuerst und ausschließlich als Verlust und Verzicht zu erleiden und uns im Kampf um Besitzstände zu verhärten. Vielmehr können wir diese Realität als Chance begreifen, zu anderen Lebensformen zu finden.

Die Formel für eine andere Lebensweise ist einfach zu beschreiben, aber schwierig umzusetzen. Es geht um die Befreiung innerseelischer Blockierungen und um den Reichtum zwischenmenschlicher Beziehungen. Ich habe nach etwa vier Jahrzehnten ärztlicher und psychotherapeutischer Tätigkeit keinen Zweifel daran, dass die Ehrlichkeit zu sich selbst wie auch die Offenheit in Beziehungen eine befriedigende Kraft haben, die durch keinen Konsum erreicht oder selbst durch Luxus nicht wirklich ausgeglichen werden kann. Ich weiß auch um bitterste Schicksale, die Menschen widerfahren können, und um entsetzliche Erfahrungen, die sie mitunter machen müssen, aber immer bleibt menschlicher Beistand im Zuhören, Verstehenwollen und im Geltenlassen von Gefühlen eine hilfreiche Entlastung.

Dazu abschließend drei Beispiele, die sich auch als Lehrstücke verstehen lassen:

1. Liebe statt Geld

Geld und Liebe stehen in einem tragischen Zusammenhang. Mit dem Verlust an Liebe bekommt das Geld, das ursprünglich den Warenverkehr hilfreich organisiert und reguliert hat, eine wachsende beziehungsdynamische Bedeutung. Und mit der wachsenden Bedeutung des Geldes werden menschliche Beziehungen belastet und zerstört und die Liebe immer weiter zurückgedrängt. Mit Geld lassen sich Zuwendung, Aufmerksamkeit, Anerkennung und Ansehen kaufen, Geld wird wichtig, um gut behandelt zu werden, um Freunde zu haben, Einfluss zu bekommen und Macht auszuüben. Das Geschäft mit der käuflichen Liebe verspricht riesige Gewinne ungeachtet aller Wirtschaftskrisen. Dabei darf man nicht nur den Blick auf die Menschen lenken, die sich und ihren Körper aus Not verkaufen müssen, sondern muss auch die Freier sehen, die sich freundliche Zuwendung erkaufen und den Sex oft nur als Vehikel benutzen. Die Sexualisierung früher Bedürftigkeit ist wohl eine der häufigsten Kompensationsformen und damit ein Tummelplatz für Hoffnungen und Enttäuschungen, für Illusionen und Phantasien, für entwürdigende Kämpfe, Kränkungen, Verletzungen und Gewalt.

So wird Geld zum Ersatz von Liebe, das Käufliche verdrängt das Schenkbare, der Erlebniswert von Beziehungen muss dem Geldwert des Marktes weichen. Alles Tun orientiert sich daran, ob es sich rechnet, und nicht mehr am seelischen Erleben, die Waren bekommen Gefühlswert, und wirkliche Gefühle werden als Ausdruck von Schwäche diffamiert und ins Verborgene verbannt.

Der Ersatz fehlender Liebe mit Geld ist der Illusion geschuldet, dass Reichtum ein glückliches Leben ermöglichen könnte und man sich durch Leistungen und Anstrengungen doch noch Liebe verdienen könne: Wer genügend Geld hat, wird sich nur zu rasch im eitlen Wettkampf um die neueste Mode wiederfinden und den aktuellsten Marken huldigen. Er wird mit den Erlebnissen und Vergnügungen prahlen, die er sich leisten kann.

Mit der ansteigenden Kultur des Luxus wächst auch die Unverbindlichkeit der menschlichen Beziehungen. Am Ende ist das eigentliche Liebesbedürfnis durch Geld erdrückt, in Vornehmheit erstarrt und durch unpersönliche Verhältnisse distanziert. Was an Beziehungstiefe verloren geht, muss durch Vielfalt und Fülle ersetzt werden. Die zeitnahe Beschäftigung mit den Trends und Innovationen und eine Außenorientierung sollen von der wirklichen Befindlichkeit, von der Beziehungssehnsucht, vom Blick nach innen ablenken und äußere Befriedigung dort ermöglichen, wo innere Zufriedenheit nicht erreicht werden konnte.

Kein Wunder also, dass Menschen in einen kritischen Zustand geraten können, wenn das Geld knapp wird. Denn sie verlieren auf diese Weise nicht nur ihre äußere materielle Absicherung, sondern es geht ihnen eine wesentliche Droge zur inneren Betäubung des Liebesmangels verloren. Mit dem Verlust an materiellem Wohlstand wird immer auch eine innerseelische Verwundung aktiviert: die Erinnerung an das schmerzvolle Gefühl, sich trotz allen Besitzes und aller erkaufter Vergnügungen und Lebenserleichterungen im Grunde genommen in einem Zustand des Mangels zu befinden. Damit das Absinken des materiellen Wohlstandes nicht nur als bedrohlicher

Verlust erlebt wird, benötigen wir eine andere Vorstellung davon, was Gewinn heißen kann. In der Psychotherapie können wir die wohltuende Erfahrung und vitalisierende Kraft innerhalb und durch mitmenschliche Beziehungen erleben. Dabei ist von entscheidender Bedeutung, ob ein Mensch sich im Kontakt mit anderen verstanden, akzeptiert, bestätigt und ernst genommen erfährt. Damit ist keine kritiklose Zustimmung gemeint, sondern eine wohlwollende, einfühlsame und tolerante Auseinandersetzung, die aus Zustimmung, Abgrenzung und durchaus auch unterschiedlichen Positionen besteht. Es geht um tragende Grunderfahrungen des Lebens, die in und durch Kommunikation freigesetzt werden: Ich bin berechtigt, ich habe etwas zu sagen, ich bin bejaht und bestätigt, ich bin auch anders als andere und bin dennoch okay.

Auf dieser Basis bedeuten zwischenmenschliche Beziehungen vor allem wohltuende Bestätigung, erlebte Berechtigung und Zugehörigkeit – also eine Beziehungskultur, die vor feindseligen Streitereien, Hass, Gewalt, Eifersucht und Neid weitgehend gefeit ist.

2. *Lust statt Sucht*

Menschlicher Lebenswunsch ist lustbetont. Der Lebensablauf wird meistens davon bestimmt, welcher Lustgewinn als Nächstes möglich sein könnte, und sei er auch noch so klein: ein freundlicher Blick, eine Berührung, ein Kompliment, ein gutes Essen, eine erfolgreiche Arbeit, Entspannung, Sex, Vergnügungen aller Art – so gut es eben geht, die Lebensrealität ist sowieso die sicherste Behinderung aller Wünsche.

Erst Begrenzung macht Lust wirklich möglich. Begrenzung aber ist immer traurig und wird nicht gern akzeptiert, vor allem nicht, wenn wir nicht trauern gelernt haben. Im Mangelzustand wird die Realität der Grenzen noch schlechter ausgehalten, und das Bedürfnis wächst, ständig einen Zugang zur Lust zu haben, so dass die Illusion entsteht, man könne sich von der Begrenzung freikaufen. Eine Wachstumsgesellschaft unterliegt kollektiv diesem verhängnisvollen Irrtum. Wie bei allen Suchterkrankungen ist der Zusammenbruch unvermeidlich.

Der Wunsch nach permanenter Steigerung des Lusterlebens spricht dafür, dass es auch hier um Kompensation geht, darum, innere Behinderung durch äußere Bemühungen vergessen zu machen oder sie auf diese Weise gar nicht erst spüren zu müssen. Wirkliche Lust entsteht dagegen aus der Befriedigung von Grundbedürfnissen, die den Menschen in seiner körperlichen, seelischen, sozialen und spirituellen Lebensdimension konstituieren. Alle Grundbedürfnisse unterliegen einem Rhythmus von Anspannung und Entspannung, wie Einatmen und Ausatmen, Wachen und Schlafen, Essen und Ausscheiden, und sie folgen einem Zyklus von Werden und Vergehen: Erregung, Drängen, Befriedigung, Ruhe. Gelingt es dem Menschen, in den Rhythmen und Zyklen seiner Grundbedürfnisse zu leben – innen und außen gut aufeinander abzustimmen –, erlebt er regelmäßige Befriedigung und ist gesund. Werden die Rhythmen durch innere Blockierungen, Ängste und Fehlhaltungen behindert und die Zyklen durch äußere Erwartungen, Forderungen, Bedrohungen und Verführungen gestört und verzerrt, bleiben Spannungen zurück, die Erkrankungen auslösen können. Dann geht es darum, den Befriedigungsmangel durch

Ersatzbedürfnisse zu kompensieren. Was durch innere Entspannung nicht mehr möglich ist, soll durch äußere Bedeutung wettgemacht werden. So wachsen Konsum, Besitz, Macht, Ruhm und Erfolg zu einer Fetischkultur heran, die keine Pause und Begrenzung zulässt.

3. Schmerz statt Streit

Es gibt eine große Zahl von Menschen, für die gute Erfahrungen und angenehme Gefühle eine Bedrohung darstellen, die eine lustvolle Lebenschance lieber meiden oder gar zerstören. Sie geraten immer wieder in Streit mit Partnern, Freunden, Nachbarn und Kollegen. Besonders wenn ihnen Gutes droht, wenn sie gelobt werden, Näheangebote bekommen, wenn sie erfolgreich sind oder etwas Schönes erlebt haben, suchen oder provozieren sie Streit, regen sich über Kleinigkeiten auf, zerren alte Kränkungen hervor oder begehen ärgerliche Fehlleistungen. All dies steht im Dienst des unbewussten Schutzes früh erlittener seelischer Verletzungen. Sie aktivieren in der Gegenwart Negatives, um das Schmerzliche und Bedrohliche der Vergangenheit damit unter Verschluss zu halten. Sie wollen oder müssen geradezu in ihrer unglücklichen Lebenserfahrung verweilen, weil jede Verbesserung sie mit ihren tiefen Verletzungen und belastenden Mangel- und Abwertungserfahrungen qualvoll in Kontakt bringen würde. Im Streit und Konflikt zu leben schützt vor der Erinnerung an ehemaliges Unglück, dem man als Kind wesentlich stärker ausgeliefert war als allen Belastungen, die man heute als Erwachsener erleiden muss. Gegenwärtiges Leid ist so gesehen immer das kleinere Übel.

Gegenwärtiger Erfolg aber provoziert den Vergleich und lässt das Defizit und die alte Not erst richtig spürbar werden. So erklärt sich die Paradoxie, dass viele Menschen große Angst vor liebevollen und friedfertigen Verhältnissen haben und sofort störend und streitsüchtig aktiv werden, wenn ein angenehmer Zustand droht. Im Grunde genommen müsste dann erst geweint werden über die reaktivierte schmerzliche Erinnerung, was aber meistens aus Scham und Peinlichkeit vermieden und wegen der bedrohlichen Gefühlstiefe unbedingt verhindert werden muss.

Bevor diese für sich unglücklichen und für soziale Beziehungen schwer erträglichen Menschen von einer Beziehungskultur profitieren könnten, bräuchten sie Therapie, um ihre frühen Verletzungen in einem Schutzraum mit angemessener Unterstützung verarbeiten zu können. Der mit diesem Aufwand verbundene Umstand, dass eine Psychotherapie immer nur einigen wenigen Menschen vorbehalten ist – also nicht ein ganzes Volk «auf die Couch» passt –, lässt uns auf die große präventive Bedeutung der Entwicklungsbedingungen von Kindern aufmerksam werden. Kinder gut zu behandeln, ihre Bedürfnisse angemessen zu befriedigen und sie zu lehren, Begrenzungen emotional zu verarbeiten, Kindern Sicherheit und zugleich auch Freiheit zu gewähren sind die wichtigsten Voraussetzungen, um schwere frühe Verletzungen und Defizite zu vermeiden. Der gute Umgang mit Kindern ist unsere wichtigste Investition in die Zukunft.